Didier Chirat

MOTS D'ESPRIT, REPARTIES DROLATIQUES ET AUTRES VACHERIES DE L'HISTOIRE DE FRANCE

La librairie VUIBERT

INTRODUCTION

D'un mot, ils assassinent. D'une pirouette oratoire, ils se sortent d'embarras. D'un double sens opportun, ils musellent leurs adversaires. Entre hilarité et grincements de dents, les beaux esprits ont ponctué l'histoire de France de leurs bons mots.

Dans certaines situations, seul le verbe peut porter la contestation de l'ordre établi. Une réplique piquante est la marque d'un esprit frondeur qui refuse de se soumettre sans conditions. C'est l'arme du pauvre… Ne parle-t-on pas souvent d'un trait d'esprit comme d'une flèche propulsée par un arc et qui vient terrasser sa cible ? Comme l'explicite si bien un proverbe suisse, « les mots sont comme les abeilles : ils ont le miel et l'aiguillon ». Un aiguillon qui abat un ennemi trop empressé, qui pique les vanités, qui échauffe les patiences. Ainsi le venimeux Voltaire dans ces quelques vers : « L'autre jour au fond d'un vallon, un serpent piqua Jean Fréron. Que croyez-vous qu'il arriva ? Ce fut le serpent qui creva. »

Voltaire, mais aussi François Ier, Mme de Staël, Alexandre Dumas, Georges Clemenceau, Sacha Guitry, Arletty, Jean-Luc Mélenchon… Tous de fameux bretteurs ! D'une audace et d'une liberté de ton à peine imaginables lorsqu'ils s'en prennent au pouvoir installé, à l'Église ou à d'autres institutions éminemment respectables, ils nous montrent à quel point les Français sont, décidément, les champions du panache. Irrespectueux, cynique, ingénu, naïf, outré, culotté, dément, grossier, subtil, corrosif, gratuit… le bel esprit est tout cela à la fois.

Et pour notre plus grand bonheur ! Un subtil jonglage avec les mots et leurs sens, un jeu sur les sonorités, une tournure de phrase inattendue suffisent, dans une conversation de tous les jours, pour transformer une réponse en une réplique pleine de malice et de spiritualité. La langue française, dans sa richesse et sa variété, offre un terrain de jeu inestimable pour ceux qui savent en manier les subtilités.

C'est un florilège de ces répliques croustillantes, calembours plus ou moins osés, acrostiches irrévérencieux et autres métaphores ironiques, tous puisés dans les récits et témoignages d'esprits gouailleurs ou cyniques tels Tallemant des Réaux, Piron, le marquis de Bièvre et bien d'autres auteurs, artistes et hommes politiques, que l'on trouvera dans les pages qui suivent. S'il parvient à faire oublier quelque peu la morosité ambiante, il aura atteint son but et rendu le meilleur hommage à ces beaux esprits.

MAUDITES PESANTEURS...

François Villon, en cette funeste année 1463, attend fébrilement la mort au fond d'une prison parisienne. Notre homme est alors un voyou et un criminel, pas encore le poète de génie que nous saluons aujourd'hui.

Le destin ne l'a pas épargné : orphelin, il est placé sous la protection d'un chanoine qui assure son éducation. Inscrit à la faculté des Arts de la capitale, il se révèle un élève plutôt dissipé. La vie estudiantine de l'époque est (déjà) très agitée et François se livre « tout aux tavernes et aux filles ». La misère et ses mauvaises fréquentations sont ses plus fidèles compagnes... Traînant dans les milieux interlopes, il multiplie les vols et les rixes. Une première grâce royale éloigne le gibet de lui en 1456. En prison puis en exil dans la vallée de la Loire, il commence à écrire. Brillamment.

La poésie ne le guérit pas de ses penchants au chahut. De retour à Paris, il replonge et cette fois, il est pris. Promis à la pendaison, il compose sa fameuse *Ballade des pendus*. Son esprit gouailleur qui a toujours ri de tout s'y gausse de la situation :

> « *Et de la corde d'une toise*
> *Saura mon cou ce que pèse mon cul.* »

François disparut sur ce dernier trait d'esprit. Sa peine fut commuée en bannissement : on perdit définitivement sa trace. Il avait trente et un ans.

TÊTES D'ÂNE EN STOCK

Autrefois, en ville, les ponts n'étaient pas libres de construction, commerçants et artisans y tenaient boutique et ne manquaient pas d'alpaguer le badaud. À Paris, les bâtisses étaient si densément implantées sur le Pont-au-Change, reliant l'île de la Cité à la rive droite, qu'elles occultaient totalement la Seine. Comme le pont franchissait le grand bras du fleuve, on l'appela d'abord le Grand-Pont. Mais, lorsque le roi de France autorisa, au XIIe siècle, les agents de change à s'y installer, on le baptisa d'après leur activité.

L'un de ces changeurs voit un jour venir à lui un paysan manifestement interloqué de ce qu'il y ait si peu de marchandises exposées dans les échoppes dévolues à l'activité bancaire. D'une apparente candeur, il s'enquiert alors auprès du marchand de ce qu'il vend. Flairant la naïveté de l'individu et une occasion facile de s'amuser à ses dépens, notre commerçant lui répond dans un rire gras :

«Je vends des têtes d'âne !

> — *Ma foi*, lance le paysan, *vous en faites un grand débit, car il n'en reste plus qu'une dans votre boutique…*»

CONSEIL SUR HAQUENÉE...

Louis XI (qui règne de 1461 à 1483) n'en impose guère, ni par son physique, disgracieux, ni par sa tenue vestimentaire, d'une grande sobriété. Lorsqu'en 1463 il fait son entrée dans Abbeville, la foule venue l'acclamer reconnaît bien le duc de Bourgogne, Philippe le Bon, mais se demande lequel de ces dignitaires qui l'accompagnent peut bien être son souverain. Quelle déception quand enfin il est identifié ! « Tout ne vaut pas vingt francs, cheval et habillement de son corps », témoigne le chroniqueur Georges Chastellain.

Si Louis déteste le faste, pourtant prisé par la dynastie des Valois, il n'en est pas moins un monarque autoritaire et redouté. Il met au pas les grands féodaux, qu'il ne réunit en conseil qu'à de très rares occasions, pour solliciter leur avis. Cette manière de gouverner est bien sûr loin d'être unanimement appréciée et lui vaut maints sarcasmes.

Un jour, Louis, conformément à son habitude, choisit pour monture une haquenée chétive, sans allure, mais au pas doux. Le sénéchal Pierre de Brézé, ancien conseiller de son père, lui fait remarquer, courtisan, qu'il n'aurait pu « trouver de cheval d'une si grande force ». Le roi fait mine de ne pas comprendre :

« Comment cela ?

> — *C'est que*, réplique joyeusement le serviteur à son prince, *elle porte Votre Majesté et tout son conseil !* »

TRIBOULET CHAMBOULÉ

« Proprement fol et totalement fol. » Voilà comment le grand Rabelais décrit Triboulet, le bouffon de Louis XII puis de François Ier. C'est dire ! Sur le portrait que nous a laissé Jean Clouet, conservé au château de Chantilly, son regard trahit, il faut l'avouer, une évidente espièglerie.

Triboulet a l'art de faire rire sans froisser. Et quand par malheur il va trop loin, il sait se faire pardonner par une habile pirouette oratoire. Pour avoir un jour offensé l'une de ses maîtresses, François Ier le condamne à passer de vie à trépas. Il lui demande juste comment il souhaite mourir.

> « *De vieillesse* », rétorque le bouffon.

Sa repartie le sauve.

Une autre fois, l'amiral de Chabot dont il s'est gaussé le menace de coups de bâton. Ce dont se plaint Triboulet auprès du même François :

« Si quelqu'un était assez hardi pour te tuer, le rassure le roi, je le ferai pendre un quart d'heure après.

> — *Ah, cousin*, répond le bouffon, *ne pourriez-vous pas, je vous prie, le faire pendre un quart d'heure avant ?* »

AU PAYS DE BEAUTÉ

François Ier vient de retrouver le royaume de France en même temps que la liberté. Durant treize longs mois, il est resté en résidence surveillée sur les terres espagnoles de son ennemi Charles Quint. Il n'est sorti de captivité qu'au prix de lourdes pertes : il s'est engagé en effet à céder les riches terres de Flandre, d'Artois et de Bourgogne. Et il a dû renoncer définitivement à ses ambitions italiennes.

L'Italie, ses terres baignées de soleil, de culture, de beautés et de richesses : un doux mirage pour les rois de France qui rêvent d'y agrandir leurs possessions. Mais ils ne sont pas les seuls à avoir des prétentions sur la péninsule ; les Habsbourg lorgnent dessus, eux aussi. Et les victoires, comme Marignan en 1515, sont éphémères. Au siège de Pavie en 1525, les soldats de Charles Quint anéantissent les troupes de François Ier et font prisonnier le souverain français.

Tout cela est maintenant du passé. Enfin, presque ! Peu galamment, le roi interpelle un jour une femme très laide, lui demandant si elle est revenue du pays de beauté. À question de goujat, réponse cinglante :

> *« J'en revins le même jour que votre Majesté revint de Pavie. »*

DANGER, MÉDECIN !

Pour qui souhaite se faire une idée de la pharmacopée d'antan et de ses dangers, la lecture du docteur historien Augustin Cabanès est édifiante. On trouve dans ses *Remèdes d'autrefois* des prescriptions médicales terrifiantes. Même consommées avec modération, on doute de leur innocuité.

Cervelle de chien à ingérer contre les manies, poudre d'os calcinés des mêmes canidés à appliquer sur des testicules tuméfiés, tête de chat noir réduite en cendres à insuffler dans un œil malade, cendres de cheveux infusés dans du vin contre la jaunisse, cérumen pour rendre la vue, salive apaisant les hémorroïdes… Et la suite à l'avenant. Quand on sait que certains disciples d'Esculape prescrivaient même à leurs patients de la corne de licorne, nous sommes en droit de nous interroger sur leur professionnalisme…

Tous les médecins n'ont pas nié une certaine forme d'escroquerie. L'un d'eux, un octogénaire en pleine forme qu'on interrogeait sur les secrets de sa longévité, répondit en effet avec malice :

«*Je vis de mes remèdes et je n'en prends pas.*»

LA MULE DU PAPE

L'évêque de Paris, Jean du Bellay (1498-1560), oncle du célèbre poète, est un diplomate hors pair. Après avoir tenté (en vain) d'éviter le schisme anglican, le voilà au Vatican où il est chargé de représenter son souverain, François Ier. Pour la qualité de ses services, il recevra le chapeau de cardinal en 1535.

L'homme d'Église aime les lettrés, qu'il a à cœur de protéger et de soutenir. Il est d'ailleurs venu à Rome avec l'un d'eux, dont les deux premiers ouvrages ont été diversement appréciés dans le royaume. Cet écrivain, accessoirement médecin et clerc, se nomme François Rabelais. «Pour ce que rire est le propre de l'homme», il n'a pas hésité à brocarder, dans son *Pantagruel* et son *Gargantua*, les puissants de ce monde.

Bon vivant à la langue bien pendue, il n'hésite pas à s'en servir devant le pape Paul III. Alors que Jean du Bellay se prosterne pour baiser le pied du souverain pontife, François s'éclipse. Et lorsque son protecteur lui en demande plus tard la raison, il s'exclame :

> «*Puisque vous, qui êtes mon maître, avez baisé la mule du pape, que vouliez-vous donc que je baisasse ?*»

SUS AU PURGATOIRE

C'est au XIIe siècle que le purgatoire est ajouté à la topographie des lieux célestes. L'Église en fait un endroit destiné aux fidèles qui n'ont pu absoudre tous leurs péchés sur terre. Les flammes y expurgent les âmes des morts des fautes antérieures. Bien sûr, il est possible d'abréger ce séjour peu agréable : une indulgence ou une messe offerte par un fils ou un époux peut accélérer la fin des tourments. Contre rémunération, cela va sans dire.

Dans les années 1550, le maréchal Strozzi, un ancien *condottiere* passé depuis peu au service des rois de France, est salué par deux moines cordeliers (nommés ainsi pour leur ceinture de corde) :

« Dieu vous donne la paix ! » lui lancent-ils avec une probable bienveillance.

Mais le sanguin militaire prend cette salutation pour une provocation et une condamnation pure et simple du métier des armes. Alors, pour priver les religieux de leur gagne-pain, il riposte :

« Et Dieu vous ôte le purgatoire. »

AU FEU...

D'un père bibliophile et conseiller du roi Charles VI, Guillaume Budé (1467-1540) nourrit une passion, certes tardive mais d'autant plus violente, pour l'étude et les lettres. Il devient secrétaire du roi. Celui qu'Érasme appelle flatteusement le «Prodige de la France» pour l'étendue et la puissance de son savoir (en philologie, philosophie et jurisprudence) est à l'origine de la création, en 1530, par François Ier du Collège des lecteurs royaux, notre Collège de France.

Il a tout de l'intellectuel rêveur, absorbé dans ses méditations et détaché des choses bassement matérielles. Le jour de ses noces, ses amis en sont réduits à aller le chercher jusque dans son cabinet de travail à minuit afin qu'il honore sa nouvelle épouse. Épouse qui l'assistera dans ses recherches mais à qui, surtout, il déléguera aveuglément la gestion des tracasseries quotidiennes.

Un jour qu'il est plongé comme à son habitude dans ses travaux, un domestique vient le déranger. Le motif n'est pas futile, loin s'en faut, puisque la maison de l'humaniste est en flammes. Sans se départir du calme qui l'habite, Budé se débarrasse de l'importun avec un redoutable :

> «*Avertissez Madame, je ne me mêle pas des affaires du ménage.*»

ÇA CLOUE LE BEC !

La reine Margot donne chez elle un ballet. Parmi les invités figure la duchesse de Retz, une habituée des salons dont le mari a reçu le bâton de maréchal en 1573. Puits de connaissances, elle est célébrée par nombre de ses contemporains comme, tour à tour, « la dixième muse » ou « la quatrième grâce ». Seulement, ce soir-là, elle va tomber sur un bec !

Une certaine Mlle L'Oyseau s'est invitée au spectacle, provoquant l'ire de la duchesse, choquée par son outrecuidance. Négligeant les mises en garde de la reine qui connaît bien le caractère effronté de la jeune femme, la duchesse de Retz jette à l'intruse un cinglant :

« Je voudrais bien vous prier de me dire si les oiseaux ont des cornes. »

À quoi Mlle L'Oyseau rétorque avec insolence :

« *Oui, madame, les ducs en portent.*

— Eh bien ! s'exclame la reine, masquant mal son hilarité. N'eussiez-vous pas mieux fait de me croire ? »

DIVIN(S) CANON(S)

Bien que souverain légitime depuis la mort d'Henri III en 1589, Henri de Navarre n'est pas encore le maître incontesté dans son royaume. Nombreuses sont les villes qui ne reconnaissent pas encore sa souveraineté, lui reprochant sa foi protestante. Certes, il s'est engagé à protéger l'Église, mais il n'a pas encore officiellement abjuré son ancienne confession. Aussi doit-il les reconquérir, les unes après les autres, quitte à user de la force.

En février 1591, pour les beaux yeux de la ravissante Gabrielle d'Estrées dont l'oncle était gouverneur de la ville avant d'être chassé par les fanatiques catholiques, Henri met le siège devant Chartres, avec force canons et artillerie. Rapidement, la garnison doit capituler et l'on voit le pont-levis s'abaisser en signe de reddition. Une députation s'avance vers le roi et lui adresse obséquieusement ces mots d'accueil : « Sire, la ville est soumise à Votre Majesté, tant par le droit divin que par le droit romain… »

Il n'a pas le temps de poursuivre. Le futur Henri IV, mis en joie par l'issue de l'affrontement, l'interrompt dans son élan :

> «*Ajoutez : par le droit canon !*»

SMTL

SAS (Son Altesse Sérénissime), c'est ainsi que le prince Albert de Monaco aime à se faire appeler. S'il avait eu à choisir en 1595, Henri IV aurait probablement opté pour SMTL. Vous allez comprendre…

Malgré sa conversion au catholicisme et son sacre dans la cathédrale de Bourges l'année précédente, le roi de France et de Navarre doit encore soumettre les catholiques ultras. Dans le nord du royaume, ceux-ci tiennent de nombreuses cités avec le soutien financier et militaire des Espagnols. En octobre, ces derniers assiègent Cambrai.

Depuis Lyon où il se trouve, le souverain se met en route vers la frontière septentrionale. En arrivant dans l'Amiénois, il apprend que le gouverneur de Cambrai, Jean de Montluc, s'est rendu à l'ennemi, le 9 octobre 1595. La ville ne redeviendra française qu'en 1677 !

Dépité, épuisé, Henri IV doit encore écouter le très pompeux discours d'accueil qu'un représentant d'Amiens lui sert. Aux « Très Clément, Très Bon, Très Grand, Très Magnanime… » de l'orateur, il marmonne :

« *Ajoutez aussi : et Très Las !* »

Sa Majesté Très Lasse a parlé…

FIÈVRE INCARNÉE

Maximilien de Béthune est un compagnon de longue date d'Henri IV, dont il est le principal ministre. Ils se connaissaient déjà quand le roi n'était encore qu'Henri III de Navarre. Son nom ne vous évoque probablement rien, mais si je vous dis qu'il faisait des pâturages et du labourage les deux mamelles de la France, vous aurez peut-être reconnu le duc de Sully.

Le pauvre ministre en charge des finances royales se désespérait des amours de son prince. À courir les jupons, en effet, Henri ruinait le royaume. Car ce cœur d'artichaut aimait sans compter. Il avait une fâcheuse tendance à accompagner les élans de son cœur avec les libéralités de sa bourse, et couvrait chacune de ses maîtresses de titres, et donc de rentes.

Un matin, Sully se présente au cabinet du roi pour une séance de travail. Mais on lui dit que le prince est fiévreux, qu'il reporte l'entretien à l'après-midi. Le ministre, têtu, campe dans l'antichambre et patiente pendant des heures. Enfin, il voit sortir du cabinet une jeune femme tout à fait pimpante dans sa belle tenue verte. Quand, sur ces entrefaites, Henri se pointe à son tour, simulant la douleur, Sully s'exclame :

> «*Sire, je pensais que votre fièvre était passée.*
> *Au moins l'ai-je vue descendre l'escalier habillée*
> *de vert…*»

À L'HEURE DES VÊPRES

Le lundi 30 mars 1282, les villes de Palerme et de Messine s'apprêtent à célébrer les fêtes de Pâques. Depuis que la Sicile est tombée sous le joug de Charles Ier d'Anjou, le frère du roi de France, la tension est palpable dans toute l'île. Rêvant de créer une monarchie centralisée à la manière des Capétiens, Charles fait peser des impôts de plus en plus lourds sur la population, s'attirant un ressentiment tenace.

Une simple étincelle mettrait le feu aux poudres, et c'est bien ce qui arrive en ce lundi de Pâques 1282, à Palerme, à l'heure des vêpres. Pendant deux jours, la garnison étrangère est littéralement massacrée ! Charles doit s'enfuir. Pour le royaume de France, les « Vêpres siciliennes » représenteront pour longtemps le symbole de l'humiliation suprême.

Trois siècles plus tard, alors qu'il reçoit l'ambassadeur d'Espagne, Henri IV en fait la cuisante expérience. Les deux pays sont à couteaux tirés en ces temps troublés. Comme le diplomate espagnol ne cesse de tresser des lauriers à son propre souverain, Henri finit par perdre patience et lui lance, par pure bravade, espérant sans doute le faire enfin taire :

« S'il me prenait envie de monter à cheval, j'irais avec mon armée déjeuner à Milan, entendre la messe à Rome et dîner à Naples.

— *À ce train-là*, ironise l'Espagnol, *Votre Majesté pourrait bien arriver pour vêpres en Sicile.* »

CERVEAU À CINQ ÉTAGES

Dans les maisons d'autrefois, la hiérarchie sociale s'inscrivait dans les étages : en général, plus on gagnait en hauteur, et plus la condition des occupants était modeste. Les chambres de bonne sont toujours sous les combles…

Cette réalité s'invite dans une conversation entre le roi anglais Jacques Ier (celui qui créa l'Union Jack) et son chancelier. Ils évoquent ensemble un ambassadeur français que Sa Majesté vient de recevoir pour sa première audience. Il n'a pas fait bonne impression, son discours ayant montré, selon l'abbé Blanchard (dans *L'École des mœurs*), « plus de vivacité et de légèreté que de jugement et d'esprit ».

Jacques Ier demande à son chancelier Francis Bacon ce qu'il pense de ce *French ambassador*. Celui qu'on connaît surtout comme éminent philosophe ne veut pas trop se mouiller et se contente de répondre qu'il est « grand et bien fait ». Jacques Ier l'enjoint de lui donner un avis plus étayé et Bacon, avec un humour *so British*, ne peut s'empêcher de compléter :

> « *Sire, les gens de grande taille ressemblent quelquefois aux maisons de quatre ou cinq étages, dont le plus haut appartement est d'ordinaire le plus mal meublé.* »

FRUIT DÉFENDU

Représentants de Dieu sur terre, les rois de France avaient leur propre chapelle, composée de plusieurs aumôniers. Le premier d'entre eux, le Grand Aumônier, s'occupait d'affecter les dons du souverain aux bonnes œuvres de l'Église, nommait les desservants des léproseries, des hôpitaux royaux, etc. Bien sûr, l'essentiel de leur tâche consistait à servir le roi durant les offices religieux. Ils célébraient aussi les baptêmes et les mariages princiers, et l'on attendait d'eux une conduite irréprochable…

L'un des aumôniers d'Henri IV semble pourtant avoir oublié ce dernier point. À côtoyer trop assidûment l'hôtel (plutôt que l'autel) du souverain et les naïades de la Cour, il se laisse un jour entraîner à l'irréparable avec l'une d'elles. Et ce, fort peu discrètement puisque le monarque lui-même surprend le couple depuis une fenêtre. Le pauvre clerc en oublie la messe. Quand il finit par arriver auprès du roi, affreusement en retard, il s'excuse platement en prétextant avoir mangé des fruits. C'est présenter le dos pour être battu, quand on connaît l'esprit de repartie du Navarrais :

> «*C'est donc pour cela que vous donniez de si rudes secousses à l'arbre !*»

DRÔLE DE NID

Si le Vert-Galant, comme on surnommait le roi Henri IV, trompait allègrement Marguerite, celle-ci le lui rendait bien. Ils formaient un couple très libre, et n'hésitaient pas à deviser ensemble de leurs aventures. Le roi acceptait les règles du trompeur trompé.

Il était très épris de Gabrielle d'Estrées, à qui il avait interdit de revoir son ancien amant et ami, le duc de Bellegarde. Pourtant, un jour où celui-ci n'avait pas eu le temps de s'enfuir à l'arrivée du souverain dans la chambre de la belle, le duc se dissimula sous le lit, assistant à la séance de colin-tampon qui s'ensuivit. À la fin de ses ébats, Henri reprit des forces en goûtant à de la confiture… et ne manqua d'en faire profiter son infortuné rival en glissant subrepticement le pot sous l'alcôve !

Une autre anecdote montre qu'il savait rire des infidélités. Un jour qu'il s'est éloigné de son palais princier et se promène sur les hauteurs près de Paris, il met sa tête entre les jambes et lance :

> *« Ah, que de nids de cocus ! »*

Le seigneur gascon qui l'accompagne l'imite en commentant :

> *« Sire, je vois le Louvre ! »*

VENT D'INFORTUNE

Il faut croire que la cour d'Henri IV manquait parfois singulièrement de tenue et de délicatesse…

Le roi reçoit un bailli venu lui rendre compte de son travail. Ils étaient une centaine comme lui dans le royaume à représenter le souverain, dotés d'attributions financières (ils centralisaient les taxes et les redevances), militaires (ils convoquaient le ban) et surtout judiciaires (ils jugeaient des procès en appel).

Bref, le bailli est là, devant une foule de courtisans. Soudain, alors qu'il s'incline pour saluer son roi, un vent lui échappe, bien involontairement. Aussitôt, les rires, plus ou moins bienveillants, fusent, sans pour autant décontenancer notre homme. S'adressant à l'auteur du délit, à savoir son postérieur, il le tance par ces mots :

« Si vous voulez parler, il faudra que je me taise. »

PAPIER TOILETTE

Si François de Malherbe (1555-1628) fréquentait la cour d'Henri III, son talent ne fut véritablement reconnu qu'à l'âge de cinquante ans. Enfin il était nommé poète officiel d'Henri IV.

Contrairement aux artistes de la Pléiade pour qui l'invention était, dans l'écriture, la principale des vertus, Malherbe privilégiait la pureté de la langue française. Se qualifiant lui-même de « tyran des mots et des syllabes », il fustigeait tous ceux qui l'écorchaient. Il disait de ses ennemis « que, s'il s'y mettait, il ferait de leurs fautes des livres plus gros que leurs livres mêmes ».

Notre homme était franc, allant parfois jusqu'à l'indélicatesse. Tallemant des Réaux raconte qu'un poète lui soumit un jour l'une de ses compositions, une ode pour le roi. Après l'avoir parcourue, François se contenta de lui répondre que, à son avis, il lui manquait quatre mots. Et comme le créateur de l'ode insistait pour qu'il les écrive, Malherbe griffonna, en guise de dédicace :

> « *Au roi, pour sa chaise percée.* »

Sans même prendre la peine de regarder ce qu'il y avait inscrit, l'autre reprit son travail, se confondant en remerciements.

SPIRITUEL PAILLARD

On a beaucoup reproché à Tallemant des Réaux d'être un chroniqueur léger, n'aimant que les récits croustillants. Certes, il s'arrête aux petits détails de la vie de cour, lesquels ne sont pas si anodins que ça ; ils restituent des informations précieuses sur la mentalité du XVIIe siècle, comme en témoigne l'histoire que voici.

Un jour, Henri IV fait halte dans un village pour y bivouaquer et réclame que lui soit présenté «celui du lieu qui passe pour avoir le plus d'esprit». Pas le plus riche, pas le mieux né: le plus spirituel – sans doute dans la perspective de passer un agréable moment.

On lui amène un dénommé Gaillard qu'il fait asseoir à sa table, en face de lui, et qu'il questionne de bien curieuse façon:

«Quelle différence y a-t-il entre gaillard et paillard?»

S'il cherche à juger de la pertinence de ses reparties, le roi est servi. Car notre brave homme réplique du tac au tac:

«Sire, il n'y a que la table entre les deux.

— Ventre-Saint-Gris, s'estomaque, amusé, le Navarrais, je ne croyais pas trouver un si grand esprit dans un si petit village.»

LE POUPON NOIR DE LA MÉDICIS

Suite à l'assassinat de son époux Henri IV par Ravaillac le 14 mai 1610, Marie de Médicis assure tant bien que mal la régence, en attendant la majorité de son fils, le futur Louis XIII.

Plus mal que bien d'ailleurs : face à une noblesse frondeuse qui guette le moindre faux pas, la reine manque d'autorité. Elle accorde une trop grande influence à sa sœur de lait et confidente, Leonora Galigaï, comme elle venue de Florence. Rien ne lui est refusé, à elle ni à son mari, un débauché notoire, incapable, orgueilleux et dépensier dénommé Concini. La régente couvre ses favoris de présents et de titres qui offusquent l'aristocratie et le peuple. C'est ainsi que Concini reçoit un marquisat prestigieux en Picardie, le marquisat d'Ancre (aujourd'hui Albert, dans la Somme).

Marie semble totalement sous son emprise. Au point que certains soupçonnent une liaison amoureuse. Un pamphlet plein de fiel circule alors anonymement dans le royaume, quatre petits vers :

Si la reine allait avoir
Un poupon dans le ventre,
Il serait bien noir,
Car il serait d'Ancre.

TÊTE DE MULE

Henri IV aimait François de Bassompierre (1579-1646), son compagnon d'armes, pour son franc-parler et son esprit alerte. Son fils Louis XIII, en revanche, goûtait moins ses traits railleurs et fut plusieurs fois la cible de cette liberté de ton à laquelle Bassompierre avait été habitué à la cour du Vert-Galant. Un jour, Louis XIII s'approche de lui et le taquine avec insistance sur sa tenue négligée, pointant un pou qui courait sur sa redingote.

> « *Sire*, lui rétorque l'impertinent, *ne craignez-vous pas qu'on ne pense qu'il n'y a que des poux à gagner à votre service ?* »

En 1621, notre homme revient d'une ambassade en Espagne et rapporte à Louis qu'il a eu l'honneur de passer les portes de Madrid sur le dos d'une mule (une « assez méchante » bête, selon Dreux du Radier qui en a laissé le récit). Le souverain se gausse :

« Oh ! La belle chose que c'était de voir un âne sur une mule ! »

Il aurait mieux fait de se taire… Bassompierre se charge d'un glacial rafraîchissement de mémoire :

> « *Tout beau, Sire, c'est vous que je représentais.* »

Cela n'empêchera pas notre militaire de recevoir l'année suivante le bâton… de maréchal.

SOUS LES JUPES DES FILLES

Le même maréchal de Bassompierre croupit douze longues années dans les cachots de la Bastille pour avoir intrigué contre le cardinal de Richelieu, ministre de Louis XIII. Il en sortit avec un bel embonpoint, preuve qu'il avait été traité avec prévenance. La reine Anne d'Autriche osa se moquer de ses rondeurs, lui demandant pour quand était prévu l'accouchement. Cette dangereuse galéjade lui valut aussitôt une réponse tout aussi espiègle :

> «*Madame, quand j'aurai trouvé une sage femme.*»

Mais Bassompierre n'était pas insensible aux charmes d'Anne d'Autriche. Un jour, au cours d'une conversation badine, elle lui fait part de son égale affection pour Paris et Saint-Germain, ajoutant qu'elle aimerait «avoir un pied à l'un et un pied à l'autre». Saisissant la belle occasion qui se présente de lui dévoiler son attirance pour elle, il rétorque :

> «*Je voudrais donc être à Nanterre !*»

À mi-chemin, vous l'aurez compris…

LE PÈRE JOSEPH A LE DOIGT LONG

En 1637, la France est enlisée dans la guerre de Trente Ans. Bernard de Saxe-Weimar, général allemand rallié à la cause de Louis XIII, a réussi à franchir le Rhin mais, faute de ravitaillement et d'argent, a dû rebrousser chemin. Il vient s'en expliquer à Paris auprès du père Joseph.

Celui que l'on surnomme l'«Éminence grise» est un capucin qui seconde le cardinal de Richelieu dans le domaine des Affaires étrangères. Issu d'une grande lignée, il a reçu une solide éducation militaire avant de consacrer sa vie à Dieu. C'est à ce titre qu'il se mêle aux décisions de l'état-major et fixe les plans de bataille. Les militaires qui doivent lui rendre des comptes, et qui ne lui concèdent qu'une légitimité toute relative, ne sont pas loin de penser qu'il ferait mieux de se contenter de prier…

À Bernard de Saxe-Weimar qui lui expose la situation, le père Joseph indique avec force détails la marche à suivre pour envahir de nouveau les terres d'outre-Rhin. Sur une carte, il pose son doigt et, impérieux, annonce :

«Nous passerons la rivière là.»

Son interlocuteur l'interrompt :

> *«Mais, monsieur Joseph, votre doigt n'est pas un pont.»*

ÇA DÉ... MÉNAGE

Molière a rarement forgé ses personnages *ex nihilo*. C'est ainsi que le Vadius des *Femmes savantes*, insupportable pédant, lui a été inspiré par un grammairien fameux du XVIIe siècle, un certain Gilles Ménage (1613-1692), ancien avocat devenu abbé des suites d'une grave maladie. Ses rendez-vous du mercredi soir, « les Mercuriales », étaient très prisés et le beau monde s'y précipitait ; Mme de Sévigné et Mme de La Fayette, pour ne citer qu'elles, comptaient parmi les plus assidues. Pour se rendre agréable à ses hôtes de charme, Ménage multipliait les vers galants, ce qui lui valut une solide réputation d'amoureux transi.

Érudit et brillant, il n'aimait rien tant que la polémique. En osant s'attaquer au *Dictionnaire* de l'Académie, il s'en ferma les portes définitivement. Sa popularité n'en fut pas moins grande et son traité des *Origines de la langue française* est considéré comme le premier grand dictionnaire étymologique.

Le sens de la repartie de l'abbé était redouté. Mme de Cressy fut la cible déconfite d'une pique bien sentie. Un jour, elle se hasarde à se moquer de lui et de sa soutane en le traitant de « beau prêtre crotté ». La contre-attaque fuse :

> « *Vraiment, vous n'en êtes pas de même :*
> *on vous lève si souvent les jupes qu'elles n'ont*
> *garde d'être crottées...* »

LE GRAND TURC

La scène se passe à Nancy. Une mère dont le fils est condamné à la pendaison pour désertion est prête à tout pour le sauver. Son seul espoir réside dans la personne du maréchal de La Ferté, ce héros de la guerre contre les Espagnols, vainqueur à Rocroi en 1643, et surtout gouverneur de Lorraine où il règne en maître. On le surnomme «le Grand Turc» en référence à sa vanité proverbiale. Quand il est arrivé en terres lorraines, il a jugé, par exemple, que les jetons d'or frappés en son honneur étaient trop petits! Mais le surnom l'insupporte au plus haut point.

Lui seul serait en mesure d'accorder la grâce au fils de cette pauvre femme. Celle-ci sait qu'il est maréchal mais, du fond de sa campagne, elle ne connaît que ceux ayant affaire aux chevaux. Comme elle entend le flatter, et estimant que les serruriers valent mieux que les maréchaux-ferrants, elle l'aborde d'un cérémonieux «Monseigneur le serrurier». Stupéfait, La Ferté lui demande des explications. Loin de s'offusquer, il s'amuse fort de la méprise et gracie son fils.

Ne se sentant plus de joie, éperdue de reconnaissance, la mère s'éclipse lorsque le maréchal la retient pour lui demander une petite faveur:

«Et surtout, dis bien à tes voisines qu'on ne m'appelle plus le Grand Turc.»

Réponse de l'intéressée:

> «*Oui, Monseigneur. Oh! Je leur dirai bien que vous êtes un bon petit Turc.*»

BARBE GRISE

Marc-Antoine Girard (1594-1661) préféra la carrière des lettres à celle des armes. Il passa d'ailleurs à la postérité sous son nom de plume, Saint-Amant, et on le considère aujourd'hui comme le précurseur du style burlesque. Il faut dire que, tout en composant ses vers, il menait une vie de plaisirs et d'excès. Ses confrères de l'Académie, où il fut élu dès sa création, l'appelaient d'ailleurs «le buveur académique».

Son poème le plus connu, *Le Paresseux*, est un hommage fantasque à l'oisiveté :

Accablé de paresse et de mélancolie,
Je rêve dans un lit où je suis fagoté,
Comme un lièvre sans os qui dort dans un pâté
Ou comme un Don Quichotte en sa morne folie.

On ne s'ennuyait jamais avec Saint-Amant. Un soir, en joyeuse compagnie, il tombe sur un individu bien singulier dont la barbe blanche contraste avec une chevelure encore de jais :

> «*Apparemment, monsieur*, lâche notre bon vivant, *vous avez plus travaillé de la mâchoire que du cerveau !*»

SE FAIRE TAILLER

Plusieurs hypothèses ont été émises quant à la nature du mal qui a emporté le cardinal de Mazarin en 1661. L'une d'elles met en cause la maladie de la pierre, des calculs rénaux encombrant la vessie ou l'urètre.

Très douloureuse, cette pathologie nécessitait une opération particulièrement risquée : un tiers des patients n'en réchappait pas. Elle consistait à « casser » l'accrétion cristalline pour qu'elle pût s'évacuer. De là provient son nom, « l'opération de la taille » (lithotomie, en langage médical plus approprié).

Mazarin dut la subir, ce que d'aucuns estimèrent comme un juste retour de bâton. Mazarin avait poursuivi la guerre contre les Espagnols après la mort de Louis XIII et l'avait financée par une hausse des impôts, notamment du principal, appelé… la taille. Ancêtre de notre impôt sur le revenu, elle avait été instaurée pendant la guerre de Cent Ans. Quand on laissait entendre au cardinal que les Français ne pouvaient plus supporter sa charge, il répondait : « Ils chantent, donc ils paieront. »

Outré par un tel cynisme, le célèbre médecin Guy Patin ironise :

> « *On peut le tailler. Il en a bien taillé assez d'autres.* »

MAUVAISE HALEINE

Comme tous ses voisins du Val de Loire, le château de Serrant, à une quinzaine de kilomètres d'Angers, est un havre de paix. C'est un certain Guillaume Bautru (1588-1665) qui acheva sa transformation en une superbe demeure.

Cet homme, aujourd'hui oublié, était « un des beaux esprits du XVIIe siècle », selon le philosophe Pierre Bayle. Il fut conseiller d'État sous Louis XIII et, grâce à la protection de Richelieu, fit partie des membres fondateurs de l'Académie française en 1635. « Il se faisait surtout admirer pour ses bons mots et pour ses fines reparties, poursuit Bayle. C'est un homme qui, depuis cinquante ans, a été les délices de tous les ministres, et n'a jamais été leur flatteur. »

Ce n'est que trop vrai, si l'on en croit la scène assez peu délicate qui suit... À un courtisan à l'haleine lourde qui, après avoir grimpé de hauts escaliers, s'exclame tout essoufflé : « Je perds l'haleine ! », le philosophe rétorque, réjoui :

> « *Ah, monsieur, quel bonheur pour vos amis si ce que vous dites est vrai !* »

OUILLE !

La circulation dans Paris n'a, pour ainsi dire, jamais été bonne… Au XVIIe siècle, déjà, dans un dédale de rues étroites, le moindre chariot stationnant pour livrer une boutique ou une auberge provoquait un embouteillage. Fallait-il alors s'armer de patience !

Voilà la duchesse de Montpensier, la fille de Gaston d'Orléans, cousine du Roi-Soleil, dans la rue Saint-Honoré, prise dans l'un de ces bouchons parisiens. Elle aurait pu épouser son jeune et royal cousin et embrasser la vie de reine. Mais Mazarin s'est mis en travers de son chemin, comme ces voitures, d'ailleurs, qui obstruent la chaussée. Elle tentera de se venger en participant aux troubles de la Fronde et en sauvant le prince de Condé, coincé sous les murs du faubourg Saint-Honoré en 1652.

Pour le moment, elle est immobilisée en plein Paris. Un aveugle s'approche d'elle pour faire l'aumône, se lamentant d'avoir « perdu les joies de ce monde ». Avec une fausse candeur désarmante, la duchesse s'enquiert :

> « *Hélas ! Est-ce que ce pauvre homme est eunuque ?* »

CERVELLE EN BALADE

Au milieu des années 1650, les Espagnols tentent en vain de reprendre l'Artois aux Français. Pire, le Hainaut qu'ils détiennent encore est menacé. En juillet 1655, la cité de Landrecies est assiégée par les forces conjointes de Turenne et de La Ferté. L'artillerie espagnole défend la place.

Parmi les blessés, François III d'Aubusson, comte de La Feuillade, a reçu un coup de mousquet à la tête laissant apercevoir son cerveau. En cette époque de ténèbres médicales, notre homme risque bien d'y rester. Pourtant, La Feuillade fait preuve d'un flegme surprenant en évoquant sa cervelle à nu :

> «*Ah parbleu !* dit-il aux chirurgiens, *prenez-en un peu et envoyez-le dans un linge au cardinal* [de Mazarin] *qui me dit cent fois le jour que je n'en ai point.*»

PETIT LIVRE

Louis IX, le fameux saint Louis, répétait à l'envi à son fils : « Ne permettez pas qu'une personne ait la hardiesse de prononcer devant vous aucune parole qui puisse porter qui que ce soit au péché, ni d'attaquer, par la médisance, la réputation des autres, soient-ils présents ou absents. » On ne sait si ce conseil fut respecté à la lettre…

En revanche, le Roi-Soleil semble l'avoir connu et mis en pratique. À sa cour, les flagorneurs se pressaient autour de lui et rivalisaient d'imagination pour attirer son attention et ses faveurs. Certains n'hésitaient pas à user et abuser de paroles calomnieuses afin de faire valoir leur propre mérite au détriment de celui des autres.

Dans l'*École des mœurs*, le chanoine d'Avenay, Jean-Baptiste Blanchard (1731-1797), raconte comment l'un de ces persifleurs éhontés chercha devant Louis XIV à écraser un jeune sang bleu. Il affirma qu'on ferait, de tout ce qu'il ignorait, un fort gros livre. La riposte du roi tomba, impitoyable :

> « *Et l'on en ferait un fort petit, de ce que vous savez.* »

LE TEMPS, C'EST DE L'ARGENT !

Pour mériter la bienveillance du Roi-Soleil, il fallait user de subtilité et d'esprit. C'est ce dont fit habilement preuve son maître d'hôtel, un dénommé Claude Sanguin. On sait peu de chose de lui, sinon qu'il naquit près de Péronne et qu'en 1660 il traduisit le psautier en vers français et sans grand talent.

Sanguin maîtrisait mieux l'art de la flatterie. Il souhaitait obtenir de Louis XIV une gratification. Comme toutes les demandes de faveurs se faisaient par écrit, il rédigea un placet. Tellement brillant qu'il en obtint satisfaction :

Sire,
Il ne m'appartient d'entrer dans vos affaires,
Ce serait un peu trop de curiosité ;
Cependant, l'autre jour, pensant à nos misères,
Je calculais le bien de Votre Majesté.
Tout bien compté (j'en ai la mémoire récente)
Il doit vous revenir cent millions de rente ;
Ce qui fait à peu près cent mille écus par jour :
Cent mille écus par jour en font quatre par heure.
Pour réparer les maux pressants
Que le tonnerre a faits à ma maison des champs,
Ne pourrais-je obtenir, Sire, avant que je meure,
Un quart d'heure de votre temps ?

MIEUX VAUT SAVOIR NAGER À LA COUR

Louis XIV était très chatouilleux sur la question de ses pouvoirs. Une discussion qu'il tient avec Antoine III de Gramont (1604-1678) sur l'étendue des prérogatives royales s'anime brusquement. Le duc ose contredire le roi en affirmant que ses pouvoirs ne sont pas illimités. Le Roi-Soleil s'emporte : « Si je vous ordonnais de vous jeter dans la mer, vous devriez, sans hésiter, y sauter la tête la première. »

Gramont n'est pas à proprement parler un pleutre. Valeureux militaire, il a été récompensé par Mazarin du bâton de maréchal en 1641. Passé au service de Louis XIV, il l'a fidèlement servi comme diplomate : en poste à Madrid, il a demandé en son nom la main de Marie-Thérèse, fille du souverain espagnol. Pourtant, devant le tour que prend la conversation avec le roi, Gramont garde le silence. À quoi pense-t-il en se dirigeant subitement vers la porte, comme s'il avait voulu fuir ?

« Où allez-vous ? » l'interroge Louis XIV, surpris. Gramont se retourne alors et sort de son mutisme pour répondre :

« *Apprendre à nager, Sire.* »

VERS AUX VERS

La louange est un art délicat dont il faut user avec à-propos. Louis XIV, qui aime la subtilité, déteste les panégyriques plats et obséquieux. Nicolas Boileau, dont *L'Art poétique* a défini l'esthétique de la littérature classique, en fit le cuisant constat.

Pour célébrer les victoires militaires du règne, il avait composé une épître sur le passage du Rhin. Le souverain écouta poliment mais se montra au terme de la lecture plutôt réservé : « Cela est beau et je vous louerais davantage si vous m'aviez moins loué. » Sans doute vexé, notre poète ne se présenta plus à la Cour jusqu'à la fin de sa vie. Et à ses connaissances qui l'y poussaient, il rétorquait, formel : « Qu'irai-je y faire ? Je ne sais plus louer. »

Oh ! Boileau ne manquait pas de franc-parler. Au contraire, il fit preuve un jour d'une sacrée témérité. Le roi, que l'envie de taquiner la muse a conduit à la rédaction de quelques vers, veut connaître l'avis d'un connaisseur ; Boileau n'y va pas par quatre chemins :

> « *Sire, rien n'est impossible à Votre Majesté ; elle a voulu faire de mauvais vers, et elle a réussi.* »

PUISSANT LAXATIF

Louis XIV exigeait de tous les souverains un respect absolu de sa personne et de ses représentants, à savoir les ambassadeurs.

Pour l'avoir ignoré, Gênes paya le prix fort. Alliée de l'Espagne contre laquelle la France était en guerre depuis 1683, la cité transalpine offrit au roi d'Espagne l'assistance de ses galères ; surtout, elle malmena l'ambassadeur de Louis, François Pidou. Les représailles furent terribles : en mai 1684, durant six jours, des milliers de boulets de canon la détruisirent aux trois quarts !

Devant une telle intransigeance, nos diplomates s'autorisaient une incroyable morgue. L'ambassadeur français à Madrid se rend un jour dans la garde-robe du roi d'Espagne, et il y constate avec satisfaction la présence d'un portrait de Louis XIV. Il félicite le souverain d'un tel choix et insiste sur les bienfaits que sa santé pourra en tirer. Devant l'air interrogateur de son interlocuteur, il poursuit avec insolence :

> « *Quand Votre Majesté sera constipée, la vue de ce monarque la fera aller de peur.* »

PROMENADE DE SANTÉ

Depuis qu'il remplit la charge de Premier Gentilhomme de la Chambre du roi, Louis Victor de Rochechouart (1636-1688), que tous appellent le duc de Vivonne, ne quitte plus la Cour. Il a pris bien de l'embonpoint... Elle est loin, cette vie de soldat trépidante et harassante où il a conquis ses plus fameux titres de gloire, devenant en 1675 maréchal de France, le sommet d'une carrière d'officier.

Aussi à l'aise dans les antichambres princières que sur les champs de bataille, il passe pour un bel esprit. Louis XIV apprécie sa compagnie et Saint-Simon nous dit que «le roi en faisait cent contes plaisants». Un jour qu'il l'interroge sur son appétit de lecture, Vivonne lui fait cette réponse: «La lecture fait à l'esprit ce que vos perdrix, Sire, font à vos joues.»

En présence du duc d'Aumont, qui comme lui souffre de surpoids, Vivonne se voit reprocher par Louis de ne pas faire assez d'exercice. Loin de s'offusquer, Vivonne s'en sort par une pirouette pleine d'autodérision:

> «*Sire, c'est une médisance, il n'y a point de jour que je ne fasse au moins trois fois le tour de mon cousin d'Aumont.*»

DES MOTS QUI COÛTENT CHER

Son père et son grand-père étaient déjà jardiniers : André Le Nôtre (1613-1700) ne déroge pas à la vocation familiale. Élevé aux Tuileries, il y acquiert des notions générales en art qu'il réinvestira dans ses nombreuses créations topiaires. Il sait naviguer sur l'air du temps : comme le Roi-Soleil domestique la société, Le Nôtre dompte la nature.

Notre homme ne manque pas d'orgueil. Au duc de Portland, il recommande un jour de visiter ce qu'il y a de plus beau en France, à savoir « Versailles, Fontainebleau, Vaux-le-Vicomte et les Tuileries et surtout Chantilly », autrement dit ses propres chefs-d'œuvre ! Pourtant, il sait aussi user de bonhomie et de (fausse) modestie auprès d'un Louis XIV dont l'amitié ne se démentit jamais.

Quand il réalise les plans des jardins de Versailles, il en expose les grands principes au monarque absolu. Chaque fois qu'il présente une pièce, le roi l'interrompt par une exclamation admirative et ne se sent plus de libéralité : « Le Nôtre, je vous donne vingt mille francs. » À la quatrième intervention royale, le jardinier coupe :

> « *Sire, Votre Majesté n'en saura pas davantage : je la ruinerais.* »

CHAISE BANCALE

Le plus fameux cimetière de Paris porte son nom, mais qui sait que le père La Chaise fut le confesseur de Louis XIV ?

François d'Aix de La Chaise (1624-1709) suit la même trajectoire religieuse que son grand-oncle maternel, le père Coton, confesseur d'Henri IV (les persifleurs aimaient à dire que le Vert-Galant avait du « Coton dans les oreilles » car il n'écoutait personne d'autre !). Entré chez les jésuites, il obtient, grâce au soutien de l'archevêque de Lyon, de succéder au père Ferrier, mort en 1675, au poste tant convoité de confesseur du roi. Celui-ci dispose en effet de la feuille des bénéfices : c'est lui qui soumet au roi le nom des titulaires des charges ecclésiastiques les plus rémunératrices et honorifiques.

Un abbé gascon lorgne justement sur l'un de ces juteux bénéfices depuis longtemps. Le vieux père La Chaise, qui ne se déplace plus sans sa canne, finit par le lui refuser après l'avoir bercé d'illusions. Le solliciteur éconduit, aigri, grommelle :

> « *Ah, mon père ! J'ai été un grand sot de me fier à vos promesses et ma mère avait bien raison de me dire qu'il ne fallait jamais s'asseoir sur une chaise qui n'avait que trois pieds...* »

CHAISE PERCÉE

L'amitié et la confiance de Louis XIV pour son confesseur, le père La Chaise, étaient inébranlables. Elles valurent au jésuite la jouissance d'une magnifique demeure particulière au mont Louis, propriété que la ville de Paris transformera au XIXe siècle en cimetière !

Mme de Montespan, maîtresse officielle du roi, détestait ce religieux qui osait s'immiscer dans sa royale liaison. Sans accabler le souverain de reproches, le confesseur savait attiser les remords de sa conscience, l'amenant à prendre ses distances avec la favorite. La Chaise n'hésitait pas, par exemple, à lui refuser les sacrements pour le punir de ses turpitudes.

Aussi, lorsque La Montespan découvrit qu'elle avait en Mme de Fontanges une rivale, qui en outre n'était pas l'objet de la même sévérité de la part du jésuite, elle vit rouge, le soupçonnant d'habiles manœuvres politiciennes pour l'évincer purement et simplement. Mme de Montespan, dont le bouillant tempérament défrayait la chronique, se laissa aller à une pique mesquine :

> « *Le père La Chaise n'est qu'une chaise de commodité.* »

COUSSIN PÉTEUR

À peine nommé évêque de Grenoble en 1671, Étienne Le Camus (1632-1707), ancien aumônier de Louis XIV, fait preuve d'un zèle étonnant pour un homme connu jusqu'alors pour ses mœurs plutôt légères. Il entreprend une véritable croisade contre les abus dans le clergé de son diocèse, visite inlassablement ses paroisses, y compris les plus retirées et les plus isolées de la montagne, chasse les curés peu impliqués et réforme les monastères. Pour mieux former le clergé local, il crée à Grenoble un séminaire en 1675.

Un prêtre acquis à sa cause se plaint un jour de ne pouvoir empêcher les paysans de sa paroisse de danser le jour du Seigneur. Le Camus tempère son courroux par ces mots : « Eh… laissez-leur au moins la liberté de secouer leur misère ! »

Une scène plus cocasse encore se déroule alors qu'il se trouve en pleine discussion avec une paroissienne. Celle-ci ne peut retenir un vent intempestif. Gênée, elle bouge son fauteuil dans l'espoir sans doute de mystifier le prélat quant à l'origine de ce bruit suspect. Le Camus n'est pas dupe :

> « *Madame !* dit-il en riant, *Apparemment vous cherchez la rime !* »

AU JEU DES BOUTS-RIMÉS

Fontenelle (1657-1757) est considéré à juste titre comme l'un des précurseurs des Lumières. Il excelle autant dans le domaine scientifique que littéraire, et ne manque pas de cet humour subtil propre aux grands esprits. Bien qu'élu parmi les Immortels en 1691, il répond à une femme qui lui demandait ce qu'était le fauteuil académique :

> «*Madame, c'est un lit de repos où le bel esprit sommeille.*»

Son intelligence se plaît aux jeux de l'esprit en vogue dans les salons. À celui consistant à composer un poème à partir des rimes, le «jeu des bouts-rimés», on lui impose les terminaisons suivantes : Fontanges, collier, oranges, soulier. Les Fontanges sont une coiffure très à la mode alors, inventée par la duchesse de Fontanges, maîtresse de Louis XIV.

Fontenelle rend une copie pleine de malice, qu'il dédie à une charmante dame :

Que vous montrez d'appas depuis vos deux Fontanges
Jusqu'à votre collier !
Mais que vous en cachez depuis vos deux oranges
Jusqu'à votre soulier !

GALANT HOMME !

Chez les Harlay, on est magistrat de père en fils. Achille III (1639-1712) fut même premier président du parlement de Paris. L'art de l'élocution et des formules bien tournées n'avait pas de secrets pour lui, bien qu'il en ait fait un usage parfois un peu… déplacé envers la gent féminine.

Certes, la duchesse de La Ferté ne fut pas tendre avec lui. Avant un procès où cette dame était impliquée et qu'il devait juger, il la reçut et lui fit une si mauvaise impression qu'elle le traita ensuite peu discrètement de « vieux singe ». Harlay, intègre, jugea son affaire à son avantage mais, quand elle se présenta à lui pour le remercier, il ne put s'empêcher d'ironiser :

> « *Il ne faut pas que vous soyez surprise de ce que j'ai fait pour vous : les vieux singes sont charmés d'obliger les vieilles guenons.* »

Avec la femme d'un secrétaire d'État se nommant Triboulot, Harlay alla encore plus loin dans la goujaterie. Elle se présenta à lui avec « une jupe couverte de gros galons d'or cousus en cerceaux » (*Souvenirs* de Bouhier). Énervé par l'exhibition de tant de luxe et sachant que son époux avait été marchand de vin, il ne put retenir une attaque frontale :

> « *Vraiment, voilà de beaux cerceaux pour une vieille futaille.* »

HISTOIRE BÊTE

Quand on évoque la pensée scientifique du Grand Siècle, on pense d'abord à René Descartes. Son rival, Pierre Gassendi (1592-1655), ne doit pas être oublié.

Homme d'Église, chanoine de Digne, il fut un esprit curieux de tout. On raconte que c'est en gardant les troupeaux de ses parents qu'il se prit d'amour pour les étoiles et l'astronomie. Mais il fut aussi mathématicien, cartographe, naturaliste… et philosophe. Remettant en question la pensée d'Aristote, il relança l'épicurisme. Pour lui, toute connaissance provient de nos sens, qui nous permettent d'appréhender un monde constitué d'atomes (il préfigure le sensualisme). Mais Gassendi était chrétien : contrairement au maître Épicure, il estimait que l'âme pouvait survivre au corps.

Un jour, il débat avec un érudit défendant la théorie de la réincarnation. Pierre, d'un naturel pondéré, s'emporte contre lui :

> «*Monsieur, j'ai bien entendu dire que, suivant Pythagore, les âmes des hommes passaient après leur mort dans le corps des bêtes ; mais je ne croyais pas que l'âme d'une bête entrât dans le corps d'un homme.*»

BLAGUE DE CANIVEAU

Il fallut que la maladie emportât les enfants et petits-enfants du Roi-Soleil les uns après les autres pour que Philippe d'Orléans puisse véritablement prétendre à jouer un rôle politique de premier plan. À la mort de Louis XIV, il lui reste bien un arrière-petit-fils, mais il n'a que cinq ans ! En attendant, la régence échoit au duc d'Orléans.

Louis XIV s'était toujours défié de lui. Après ses premiers succès militaires, on compara Philippe au Grand Condé, ce qui n'eut pas l'heur de plaire au roi. Ce dernier rappela le duc à la Cour avec le secret espoir qu'il s'y encroûterait sans plus lui faire d'ombre. Quand Louis XIV comprit qu'il mourrait avant la majorité de son arrière-petit-fils, il imposa la création d'un conseil de Régence où seraient présents les autres princes légitimés.

Louis XIV, influencé sans doute par une seconde épouse austère, a toujours vu dans son neveu un débauché. Il est vrai que celui-ci aimait les plaisirs de la vie. Ceux de la bouche, notamment. On raconte que son embonpoint donna lieu à une repartie d'un goût douteux de la part de l'un de ses courtisans. Philippe, revenant de la chasse, lui aurait dit qu'il avait manqué tomber dans un fossé.

> « *Monseigneur*, lança l'impertinent, *il en eût été comblé.* »

MINISTRE INTÈGRE

À la mort du Roi-Soleil, son neveu Philippe d'Orléans (1674-1723) est nommé régent. Afin de contenter la noblesse que Louis XIV avait écartée du pouvoir, le prince institue la polysynodie, remplaçant les secrétaires d'État par sept conseils.

L'un des conseils, celui des Finances, a une tâche plus ardue que les autres car les caisses de l'État sont désespérément vides. Il est présidé par le duc de Noailles mais celui-ci est avant tout un militaire qui méconnaît les subtilités de sa fonction nouvelle. Il s'attache donc les services d'un de ses compagnons de plaisirs, un homme d'une grande érudition et très familier des questions d'argent, un certain Rouillé du Coudray. Malheureusement, ce dernier aime le vin plus que de raison et il est un peu porté sur le champagne… Noailles, importuné un jour par ses interventions intempestives en plein conseil et devant le régent, le reprend en ces termes :

« Monsieur de Rouillé, il y a là de la bouteille… »

Notre homme ne se laisse pas décontenancer :

> « *Cela se peut, monsieur le duc,*
> *mais il n'y a jamais de pots-de-vin.* »

COMME UNE BÛCHE !

Guillaume Dubois (1656-1723) connaît une trajectoire exceptionnelle. Rien ne prédestinait ce fils d'apothicaire brivois à devenir Premier ministre (un an avant sa mort). Monté à Paris pour suivre des études au collège Saint-Michel, il est recommandé par le directeur de l'établissement pour la charge de précepteur de Philippe d'Orléans. Jamais l'influence de Dubois sur celui qui allait devenir régent ne se démentit.

Bien que tous l'appellent « l'abbé Dubois », notre homme n'a pas été ordonné. Quand en 1720, en récompense de ses services, il devient archevêque de Cambrai, il n'a jamais célébré de messe. Un an plus tard, le Vatican lui octroie la calotte rouge de cardinal. Pour le peuple, il n'est autre que « l'abbé Friponneau » en raison de ses mœurs légères. Si bien qu'il a droit à cette épitaphe :

Rome rougit d'avoir rougi
Le cardinal qui gît ici.

Guillaume n'oublia pas les siens. Un jour, il fait appeler un de ses frères dans ses bureaux en réclamant « Dubois » à un laquais. Que pouvait lui rapporter ce dernier sinon du bois ?

« *Ce n'est pas cette bûche-là que je demande.*
Faites venir mon frère ! »

BAL MASQUÉ

Les fameux petits soupers du Palais-Royal qu'organise le régent Philippe d'Orléans avec ses compagnons de débauche, les « roués » (car leurs vices devraient leur valoir le supplice de la roue), sont commentés dans toute la ville.

L'ancien précepteur du régent, l'abbé Dubois, avait une réelle influence sur le duc. Loin de le ramener sur le droit chemin comme on aurait été en droit de s'y attendre, il semble qu'il l'ait plutôt encouragé dans ses dévergondages. Sans doute afin de le maintenir encore un peu sous son emprise.

Philippe avait fait ouvrir au public l'Opéra et il offrait un bal trois fois par semaine. Pour une somme modique, on pouvait aller y danser de 22 heures à 4 heures du matin. Un soir qu'il veut s'y rendre sans y être reconnu, il demande à Dubois de le traiter comme un valet. Comme celui-ci joue son rôle à merveille, assaillant le postérieur de son nouveau domestique de coups de pied, le régent lui intime :

« *Mon ami, tu me déguises trop.* »

VOLEURS PATENTÉS

Pour ne pas avoir à rémunérer des percepteurs et disposer de fonds immédiats, les rois affermaient une partie des impôts, notamment les traites (droits de douane) et la gabelle (sur le sel), à des financiers. Ceux-ci, réunis dans la ferme générale – d'où leur nom de fermiers généraux –, avançaient à la Couronne une somme forfaitaire correspondant à une évaluation *a priori* des rentrées fiscales. Charge à eux de percevoir sur le terrain les taxes en question.

Inutile de dire qu'ils prélevaient sur le peuple bien plus qu'ils ne versaient au souverain. Des dynasties de fermiers bâtirent ainsi une immense fortune en peu de temps. Ils étaient haïs, ainsi que leurs employés armés qui poursuivaient impitoyablement les fraudeurs.

Un jour, Philibert Orry, contrôleur général des Finances, entame une sorte de plaidoyer de la ferme générale devant un officier général : il évoque, pour justifier ses prélèvements importants, les lourds frais de personnel :

« Savez-vous, monsieur, que j'ai une grande armée à mes ordres, et que si je rassemblais tous mes employés dans un camp… »

Son interlocuteur ne le laisse pas achever :

« *Oui, cela ferait un beau camp volant.* »

ŒUVRE SÉPULCRALE

Chacun sait, et Alexis Piron (1689-1773) plus que quiconque, que les paroles s'envolent mais les écrits demeurent. Ce poète des Lumières se voit refuser à plusieurs reprises l'entrée à l'Académie française en raison d'un poème érotique composé à l'âge de vingt ans, une *Ode à Priape* il est vrai assez sulfureuse.

En 1753, il pense enfin être élu mais Louis XV s'y oppose. La marquise de Pompadour, la favorite du roi, lui obtient une pension en dédommagement mais il mourra sans jamais devenir Immortel. Priape lui aura coûté cher. Oubliés les opéras-comiques qui le rendent célèbre en son temps ainsi que sa comédie, *La Métromanie* (1738). Oubliées aussi ses reparties au vitriol que l'on commente dans tout le royaume. L'abbé de Voisenon salue en lui «une machine à saillies, à épigrammes, à traits». L'un de ces traits a pour victime un auteur venu lui faire lire son manuscrit. Quand il le récupère, il s'étonne de n'y voir aucune annotation:

«Quoi! Monsieur! Pas même une croix!» proteste-t-il auprès de Piron.

Et celui-ci de l'assommer:

> «*Des croix! Des croix! Vouliez-vous que je fisse de votre œuvre un cimetière?*»

SANS CHEMISE, SANS PANTALON

«Les hommes puissants n'aiment pas les gens de lettres: ils nous craignent comme les voleurs craignent les réverbères», écrit Charles Pinot Duclos (1704-1772), en plein siècle des lumières.

Sans être partisan de leurs excès, cet écrivain aujourd'hui oublié soutient les philosophes au nom du triomphe de la vérité. Élu à l'Académie française en 1747 et successeur de Voltaire comme historiographe officiel du roi Louis XV, il brille dans les salons parisiens par l'agrément et le piquant de sa conversation.

En témoigne la scène suivante. Duclos se baignait dans la Seine lorsqu'un carrosse verse sous ses yeux à proximité de la berge. Apercevant une dame qui gît au sol, il se précipite hors de l'eau dans le plus simple appareil pour voler à son secours.

> «*Madame*, lance-t-il en lui présentant une main secourable pour la relever, *excusez-moi de ne pas avoir de gants.*»

UNE CLAQUE D'ENFER

Claude-Henri de Fusée (1708-1775), plus connu sous le nom d'abbé de Voisenon, est un autre de ces abbés dont la vocation fut dictée par la famille. Comme d'autres, il préféra se consacrer à l'écriture badine et à la vie de cour plutôt qu'à sa charge ecclésiastique.

Bien que prêtre, et malgré l'insistance des fidèles, il refuse de devenir évêque de Boulogne-sur-Mer. «Comment veulent-ils que je les conduise, lorsque j'ai tant de peine à me conduire moi-même?» explique-t-il au cardinal de Fleury. Il reçoit en contrepartie la commende de l'abbaye de Jard, près de Melun, dont il se contente de toucher les revenus. Son temps, il le dilapide dans les salons parisiens où il charme l'assistance par ses saillies pétillantes – le marquis de Polignac le surnomme «Petite poignée de puces». Il écrit aussi des comédies légères et des opéras-comiques.

Mais, à la suite d'une maladie grave, il confesse au père de la Neuville sa peur de la damnation. Celui-ci ne cherche pas à le rassurer et lui promet au contraire les flammes de l'enfer s'il continue à produire des écrits impies:

> «*Et ce ne serait pas le tout de brûler en enfer,*
> *il vous arriverait bien pis... Vous y seriez sifflé,*
> *mon pauvre ami.*»

BARBIER-BOUTONNIER

Les médecins ont longtemps vu dans la saignée la panacée. On sait que Louis XIII en subit près de trente-quatre dans les deux dernières années de sa vie! Depuis Hippocrate et Galien, on considérait qu'elle avait toutes les vertus contre presque toutes les affections. Thérapie de choc… Quant à son efficacité, elle laissait à désirer.

Les médecins la prescrivaient mais ne l'appliquaient pas eux-mêmes. Depuis le concile de Tours au XIIe siècle, en effet, l'Église interdisait de faire couler le sang. Peu à peu, les médecins abandonnèrent donc le traitement des blessures et les saignées aux chirurgiens et aux barbiers. En plus du soin de la barbe, ces derniers devinrent donc des praticiens de la santé, plus ou moins habiles.

Au XVIIIe siècle, l'un d'eux est gentiment mis en boîte par l'évêque d'Amiens, M. d'Orléans de la Motte (1683-1774), qui vient de lui confier son visage pour se faire raser. Après avoir payé la prestation, il constate que sa peau a été tailladée. Il se tourne vers le barbier et lui donne une nouvelle pièce, ajoutant:

> «*Voilà pour la saignée.*»

Le praticien, confus, explique avoir rencontré un bouton. L'évêque ironise:

> «*Je vous entends ; vous n'avez pas voulu que le bouton fût sans boutonnière.*»

ÇA, C'ÉTAIT AVANT !

Inventées à la fin du XIIIe siècle en Italie, les bésicles ont mis des siècles à se perfectionner, pour devenir les lunettes que l'on connaît aujourd'hui. Il faut attendre le XVIIIe pour voir apparaître les branches. Encore ces dernières s'arrêtaient-elles au niveau des tempes car le passage aux oreilles est obstrué par l'encombrante perruque !

On peut observer une de ces bésicles à tempes au musée de la Lunette à Morez dans le Jura. Fabriquée en argent, cette paire a deux courtes branches qui s'achèvent par une fleur de lys et les initiales « LV » ; elle a en effet appartenu à Louise Victoire de France, la fille de la reine Marie Lecszynska et de Louis XV.

Louis XV visite un jour les bureaux du ministère de la Guerre et essaie des bésicles qui traînent là. Il se saisit d'un texte à côté qui n'est autre qu'un pompeux panégyrique de sa personne et en commence la lecture. L'interrompant rapidement, il repose texte et lunettes et sourit :

> « *Elles ne sont pas meilleures que les miennes ;*
> *elles grossissent trop les objets.* »

PROMOTION CANAPÉ

Le comte d'Argenson, secrétaire d'État à la Guerre de Louis XV de 1743 à 1757, croule sous les sollicitations diverses et variées. Sauf qu'un jour le quémandeur n'est autre que le comte de Valbelle, qui passe pour avoir été l'amant de sa femme.

Loin de perdre son calme devant le culot de l'individu osant lui réclamer une promotion, il va user d'une arme beaucoup plus efficace que la violence pure et simple : un humour mordant. En réponse à la requête du bellâtre, il prétend n'avoir que deux postes à disposition :

> « *Le gouvernement de la Bastille et celui des Invalides ; mais si je vous donne la Bastille, on dira que je vous y envoie…* »

Est-il besoin de rappeler que cette ancienne forteresse, construite sous Charles V, avait depuis été reconvertie en prison où l'on envoyait tous les ennemis du roi par lettres de cachet ?

Et le ministre de poursuivre vicieusement sa démonstration :

> « *… Et si je vous place aux Invalides, on dira que c'est ma femme.* »

Valbelle n'a plus qu'à s'éclipser piteusement sans demander son reste…

RICOCHETS

Jean-Baptiste de Beauvais (1731-1790), évêque de Senez en Provence, avait son franc-parler. Il n'hésitait pas dans ses sermons à dénoncer l'hypocrisie et la veulerie des courtisans prompts à flatter le souverain au lieu de l'éclairer sur ses manquements. Dans un de ses prêches à la Cour, il fustige le relâchement des mœurs, condamnant la concupiscence des vieillards pour des jouvencelles à peine nubiles.

À la suite d'un de ces discours de carême, Louis XV, semblant oublier que lui-même entretient à Versailles, dans le fameux Parc-aux-cerfs, de très jeunes maîtresses, taquine le duc de Richelieu, un libertin notoire :

« Eh bien, monsieur le maréchal, il me semble que le prédicateur a jeté bien des pierres dans votre jardin. »

Son interlocuteur, sans se démonter, cloue le bec à l'imprudent qui aurait sans doute mieux fait de tourner sept fois sa langue dans la bouche avant de parler :

> *« Oui, oui, et si fortement, qu'il en est rejailli jusque dans le parc de Versailles. »*

CASAQUES ROSES

Lorsque, en octobre 1761, David de Beaudrigue, un des huit capitouls de Toulouse, est appelé dans l'échoppe des Calas où a été retrouvé le corps sans vie du fils de la famille, il est précédé par les rumeurs malfaisantes du voisinage. Pour tous, on a sans aucun doute possible affaire à un acte criminel car le jeune Marc-Antoine, issu d'une famille protestante, projetait de se convertir au catholicisme. Le père Jean ne l'aurait pas supporté.

Les capitouls chargés de l'enquête ne cherchent pas à en savoir davantage. Un mensonge par omission des Calas les conforte, ils abrègent les investigations et concluent au crime calviniste. Pour préserver la mémoire du défunt, en effet, sa famille a dissimulé la réalité, à savoir le suicide du jeune homme. Le père Calas est supplicié sur la roue.

Beaucoup emboîtent le pas à Voltaire, qui obtiendra finalement la réhabilitation de Calas, et s'offusquent des négligences des enquêteurs. Parmi eux, le chancelier Lamoignon témoigne de ses réticences à un capitoul, qui se défend comme il peut :

« Monseigneur, il n'y a si bon cheval qui ne bronche. »

Mais Lamoignon l'interrompt :

« *J'en conviens, mais toute une écurie !* »

BOÎTE DE PANDORE

Rien n'illustre mieux l'impopularité de Louis XV que son enterrement en mai 1774: de peur que les Parisiens ne manquent de respect à la dépouille royale, on transporte son cercueil directement de Versailles à la nécropole de Saint-Denis, en contournant soigneusement la capitale.

Il est loin ce temps où on le surnommait Louis le Bien-Aimé, où l'économie florissait et où la France rayonnait dans le monde. La guerre est passée par là, vidant les caisses de l'État. Ils sont loin, surtout, ces temps où le roi craignait les femmes… À la fin de sa vie, il aimait à se réfugier dans les bras de courtisanes et surtout de jeunes filles à peine nubiles. De violents libelles colportaient les rumeurs de ses perversions dans les années 1750.

Le souverain se moquait de Madeleine de Puisieux en lui tenant des propos peu galants:

«Ah! Madame, que vous étiez jolie à mon sacre.»

L'écrivaine moraliste lui rafraîchit la mémoire sèchement:

> «*Et vous, Sire, n'étiez-vous pas beau comme l'Espérance?*»

COMTESSE ANGÉLIQUE

Louis XV remplace assez vite la marquise de Pompadour, disparue en 1764. La nouvelle élue s'appelle Jeanne Bécu, mais l'histoire nous la fera connaître sous un nom plus amène, celui de comtesse du Barry. C'est son amant, propriétaire d'un tripot, qui l'a jetée dans les bras du roi, et ses origines modestes lui vaudront les lazzis de la Cour. On se plaît à raconter la légèreté de sa mère, couturière de Vaucouleurs, qui, travaillant au couvent local, se serait laissé séduire par l'abbé Gomart de Vaubernier, dit frère Ange. Jeanne serait le fruit de leurs ébats.

Le duc de Choiseul, principal ministre de 1758 à 1770, ne porte pas la comtesse dans son cœur. Un jour qu'ils évoquent ensemble la décision d'une commission réunie par le roi ordonnant la fermeture de plus de quatre cents couvents, ce que Jeanne semble approuver, il prend la défense des moines et fait preuve d'une incroyable indélicatesse :

« *Vous conviendrez au moins, madame,*
qu'ils savent faire de beaux enfants. »

URINOIR PONTIFICAL

Avant d'être le principal ministre de Louis XV de 1758 à 1770 et l'inspirateur de sa politique étrangère, le duc de Choiseul mena une brillante carrière diplomatique. Il sut défendre l'image de la France avec un certain panache.

Son ami danois, le comte de Gleichen, le décrit comme «fier, audacieux, bouillant et emporté même» ; mais s'il abonde en éloges, il reste tout de même lucide sur ses travers et tempère ce portrait dithyrambique: «Il rappelait l'idée des anciens chevaliers français ; mais il joignait aussi à ces qualités plusieurs défauts de sa nation: il était léger, indiscret, présomptueux…»

Et il n'est manifestement pas le seul à le penser… Quand en 1753 Choiseul arrive au Vatican, il dégage d'abord une impression de majesté et de grandeur d'âme. Mais très vite, devant ses prétentions disproportionnées par rapport à celles de ses pairs d'autres nations, le pape Benoît XIV le prend pour un insensé. Et un jour que le pontife, posté à une fenêtre, reconnaît l'émissaire espagnol en train d'uriner contre les murs de son palais, il l'interpelle en ces mots:

> «*Monsieur l'ambassadeur, ne pissez pas là, car l'ambassadeur de France voudra pisser dans mon cabinet.*»

LA PAIX DU MÉNAGE

En 1756, Charles de La Condamine (1701-1774) profite d'un voyage en Italie pour demander une dispense du pape lui permettant d'épouser sa nièce et filleule, Marie-Louise de Bouzier d'Estouilly. Depuis le concile de Latran en 1215, en effet, les mariages consanguins jusqu'au quatrième degré sont interdits, sauf autorisation expresse du souverain pontife.

Il n'est pas sûr que sa réputation et ses découvertes suffisent à convaincre Benoît XIV. Après dix années passées en Amérique du Sud, le naturaliste a ramené sur le vieux continent la quinine aux vertus fébrifuges et antipaludéennes, le caoutchouc (dont le nom indien signifie «bois qui pleure») ou encore ce redoutable poison extrait de lianes, le curare. Il n'est pas revenu indemne de ses pérégrinations puisqu'il a perdu l'ouïe, probablement à cause de ses escapades sur les sommets andins.

Mais La Condamine est heureux en amour: il fait sa requête par écrit au pape. Sa Sainteté se montre plutôt arrangeante et lui répond avec espièglerie:

> «*Je vous accorde la dispense que vous*
> *me demandez, d'autant plus volontiers*
> *que la surdité qui vous incommode doit faire*
> *la paix du ménage.*»

UN SOLDAT QUI NE PREND PAS DE GANTS

Elles se déchiraient depuis deux siècles et demi et les voilà désormais alliées par la grâce du traité de Versailles en 1756 : devant la montée en puissance de l'Angleterre et de la Prusse, la France et l'Autriche décident d'associer leurs forces. L'année suivante commence la guerre de Sept Ans (1757-1763).

Si les premières batailles consacrent l'émergence militaire de la Prusse et le triomphe de son roi Frédéric II, qui devient Frédéric le Grand, la réputation des troupes françaises est sauvée par l'armée du maréchal d'Estrées. Ses 50 000 soldats, opposés aux Hanovriens du duc de Cumberland, franchissent la Weser et défont l'ennemi à Hastenbeck le 27 juillet 1757.

Au cours du combat, où les Français s'emparent de la colline de l'Obensburg grâce à l'artillerie, un soldat français a les deux bras arrachés par un boulet. Un officier croit sûrement faire preuve de libéralité en le gratifiant d'un écu en guise de compensation.

> « *Vous croyez sans doute*, se récrie l'invalide,
> *que je n'ai perdu qu'une paire de gants ?* »

CRYPTOZOOLOGIE

Au crépuscule de son existence, Georges-Louis Leclerc, que le roi a fait comte de Buffon (1707-1788), est déjà une légende. Son *Histoire naturelle*, œuvre colossale en trente-six volumes élaborée en partie au Jardin du roi (l'actuel Jardin des Plantes à Paris) dont il a la responsabilité depuis presque un demi-siècle, est une bible du monde vivant – au point qu'on surnomme son auteur le « Pline de Montbard », sa ville natale.

Pourtant, les affaires familiales ne vont pas au mieux chez les Buffon. Le fils du naturaliste – « le plus mauvais chapitre de l'histoire naturelle de son père », selon Rivarol – a épousé une femme volage, Marguerite de Cépoy. Celle-ci est la maîtresse du duc d'Orléans, futur Philippe-Égalité. Buffon est excédé par le manque de fermeté de son fils envers sa femme.

Un jour, il se retrouve en compagnie de son indélicate belle-fille. Par pure bravade, celle-ci remue le couteau dans la plaie en lui demandant comment lui, qui a tant étudié la nature humaine, peut expliquer « que les gens qui nous aiment le plus sont ceux que nous aimons le moins ». La réponse fuse, cinglante :

> « *Je ne suis pas encore au chapitre des monstres, madame.* »

PHILOSOPHE-BÛCHERON

Qui se souvient que le nom de d'Alembert (1717-1783) n'est qu'un nom d'emprunt ? Le mathématicien et philosophe des Lumières se l'est choisi pendant ses études. Jusque-là, on l'appelait Jean Le Rond, comme ce baptistère contigu à la cathédrale Notre-Dame de Paris où sa mère l'abandonna. La chanoinesse, Mlle de Tencin, avait fauté avec un officier d'artillerie, M. Destouches, et n'était pas prête à assumer le fruit de leurs amours.

Heureusement pour l'enfant, son père accepta de le prendre en charge et lui permit de mener des études. D'Alembert abandonna son patronyme et se lia aux grands philosophes du XVIIIe siècle, rencontrés dans les nombreux salons parisiens qu'il fréquentait. Tous leurs hôtes n'étaient pas acquis aux idées des Lumières. À Mme de Forgeville qui recevait chez elle et ne semblait pas bien cerner l'apport de tous ces philosophes, d'Alembert répliqua :

« Madame, ils ont abattu la forêt des préjugés qui séparait l'humanité du chemin de la vérité.

— En ce cas, je ne suis plus surprise si vous nous débitez tant de fagots ! » ponctua-t-elle.

LA PEAU SUR LES OS

Voltaire (1694-1778) était un tantinet hypocondriaque. Si l'on en croit sa correspondance, il se mourait chaque jour d'une pathologie différente. Il avait beau voir dans les médecins de parfaits charlatans, il n'en ingurgitait pas moins nombre de leurs prétendus remèdes. Le valétudinaire vécut jusqu'à l'âge canonique de quatre-vingt-quatre ans…

La prostate le tortura dans les derniers jours de sa vie et sans doute les douleurs furent violentes quand l'opium qu'on lui administrait ne faisait plus effet. Il était devenu d'une telle maigreur qu'Alexis Piron, son ennemi juré depuis leur rencontre chez la marquise de Mimeure, s'en moqua fielleusement dans ces quelques vers :

Sur l'auteur dont l'épiderme
Est collé tout près des os,
La Mort tarde à frapper ferme,
De peur d'ébrécher sa faux.

CHAUDS LES MARRONS

Voltaire a dû composer avec une impitoyable censure. C'est au milieu du XVIIIe siècle qu'est officiellement créé un corps de censeurs royaux : ils sont près de quatre-vingts à lire tout ce qui s'écrit de par le royaume.

La plus petite entorse à l'ordre politique, religieux ou moral est traquée, les empêchant de délivrer le précieux « privilège royal ». Tout opuscule contrevenant à la bienséance est aussitôt détruit par les flammes. Et si l'imprimeur et l'auteur passent outre, ils s'exposent à une sévère peine d'emprisonnement.

Le danger pour Voltaire provient surtout de l'Église, dont il ne se prive pas d'attaquer, de sa plume acérée, les abus et les travers. Il n'hésite pas à traiter les théologiens d'« arlequins anthropophages » car ils multiplient les condamnations et les autodafés contre les écrits philosophiques. Pourtant, à bien considérer les effets de la censure, il finit par conclure à ses bienfaits. Dans une jolie formule, il en loue les vertus en termes de notoriété :

> « *Mes livres sont comme les marrons :*
> *mieux on les rôtit, mieux ils se vendent.* »

LA CHASSE AUX INFIDÈLES

L'actrice et cantatrice Sophie Arnould (1740-1802) tenait un salon couru des grands esprits, Voltaire, Rousseau, Diderot, Beaumarchais ou encore d'Alembert pour ne citer qu'eux. On le comparait à l'école d'Aspasie, une courtisane célèbre de l'Antiquité. Il est vrai que Sophie, la «sœur cadette de Ninon» (selon Pierre Choderlos de Laclos, l'auteur des *Liaisons dangereuses*), sut allier l'utile à l'agréable.

L'un de ses amants, le comte de Lauraguais, la tourmentait beaucoup. «Il m'a donné deux millions de baisers et m'a fait verser plus de quatre millions de larmes», se plaignait-elle. L'homme, monstre d'indélicatesse, osa évoquer un jour en sa présence sa liaison avec Mlle de Robbé, se plaisant à raconter avec force détails ses visites chez elle. Et lorsqu'il fit part de son agacement chaque fois qu'il trouvait dans le salon de sa maîtresse un certain chevalier de Malte (un ordre fondé en Terre sainte pour lutter contre les infidèles musulmans), Sophie laissa libre cours à la raillerie:

> «*Un chevalier de Malte, monsieur le comte!*
> *Mais vous avez raison de craindre ces gens-là…*
> *Ils sont établis pour chasser les infidèles!*»

MUSÉE GRÉVIN

Louis XVI et Marie-Antoinette mirent quelque sept années avant de consommer leur union. Il faut dire que le roi n'était pas vraiment porté sur la chose, et qu'il souffrait d'une petite malformation. La pauvre Marie-Antoinette, refroidie dans la fleur de l'âge, s'est consolée en se grisant de spectacles et de plaisirs. Les courtisans, jaloux ou malveillants, n'ont pas manqué de multiplier les rumeurs d'infidélité.

Aussi, quand naît Louis-Joseph le 22 octobre 1781, les langues de vipère sifflent et leur venin se répand dans tout Versailles. Un jour qu'une dame de compagnie berce dans ses bras le souffreteux Dauphin (il était de santé fragile et d'ailleurs mourra à l'âge de sept ans et demi de la tuberculose) s'approchant un peu trop près de la cheminée, le roi s'alarme : « Est-ce que vous voulez faire fondre M. le Dauphin ? » Il aurait mieux valu qu'il se taise :

> « *Il n'y a pas de danger, monseigneur n'est pas de cire* [sire] », réplique-t-elle.

DESCENTE D'ORGANE

En 1779, en guerre aux côtés des Américains pour les aider à se libérer de la tutelle anglaise, les Français envisagent un débarquement près des ports de Portsmouth et Plymouth. À la tête de la Marine royale, le comte d'Orvilliers, fort de sa victoire contre la flotte britannique l'année précédente au large d'Ouessant, peut être confiant : il bénéficie de l'avantage du nombre, puisque les Espagnols se sont rangés à ses côtés.

Las, les troupes espagnoles tardent à se mettre en place, si bien que le scorbut, pathologie qui menace particulièrement les marins, se propage sur les vaisseaux français. Le fils d'Orvilliers lui-même en mourra en juillet. Ajoutons à cela les vents défavorables et l'on comprend aisément pourquoi le projet de débarquement finit par avorter. Les hommes du général Noël Jourda, comte de Vaux, ne verront jamais le sol d'Albion !

Le ministre Maurepas, de Paris, préfère s'amuser de la situation. Comme le général souffre d'une infirmité herniaire, il commente en effet cyniquement :

> « *La descente ne se fera que dans la culotte de M. de Vaux.* »

Raffiné…

MINISTRES ALIGNÉS

On disait le comte de Maurepas, principal ministre de Louis XVI, d'un naturel sarcastique. Il le prouve lorsqu'il évoque avec des courtisans les traditions de certains peuples africains : « Rien de plus ridicule », explique-t-il, se régalant à l'avance de l'effet que produirait son récit sur son auditoire, « que la façon dont se tient le conseil dans un salon, chez quelques nations nègres. Représentez-vous une salle d'assemblée où sont placées une douzaine de grandes cruches remplies d'eau : c'est là que nus, et d'un pas grave, se rendent une douzaine de conseillers d'État. Arrivé dans cette chambre, chacun saute dans sa cruche, s'y enfonce jusqu'au cou, et c'est dans cette posture qu'on délibère sur les affaires d'État. »

Guettant les réactions de son public, Maurepas s'étonne que son voisin, un Anglais (selon Claude-Adrien Helvétius ; Victor Fournel, quant à lui, prétend qu'il s'agirait plutôt du prince de Ligne, un grand épistolier wallon), n'ait pas l'air de trouver cette anecdote inédite fort réjouissante. Celui-ci s'en justifie ainsi :

> « *C'est que je vois tous les jours une chose plus plaisante encore… C'est un pays où les cruches seules tiennent conseil.* »

AU PAYS DES PROMESSES

C'est l'un des pionniers des vols en montgolfière, et pourtant on a oublié son nom. Après deux décennies dans l'armée, le marquis François-Laurent d'Arlandes (1742-1809) prend sa retraite à trente-huit ans, déçu par des promesses de carrière non tenues. Il se consacre dès lors à la concrétisation de son vieux rêve : voler. Le 21 novembre 1783, il est exaucé. Avec Pilâtre de Rozier, il est le premier voyageur du ciel.

L'envol du ballon, depuis le château de la Muette, a failli ne pas avoir lieu. Louis XVI s'est longtemps opposé à ce que des hommes risquent leur vie dans pareille aventure. Il a fallu que le marquis d'Arlandes lui fasse sa demande en personne pour faire enfin fléchir l'intransigeance royale. Quand en effet le souverain lui demande pourquoi il tient tant à ce projet, le marquis rétorque, plein de malice :

> « *Sire, votre ministre de la Guerre m'a souvent fait des promesses en l'air, je n'ai rien vu venir, j'ai pensé que le plus simple était d'aller les chercher.* »

DRÔLES DE MONTURES

La liberté de parole se paye souvent très cher et l'indépendance de l'esprit peut coûter celle du corps. La vie du chevalier de Champcenetz (1759-1794), un officier réputé pour ses épigrammes, en constitue la parfaite illustration.

Sous l'Ancien Régime, il est victime d'une lettre de cachet obtenue par son père, gouverneur des Tuileries, qui n'a pas aimé les vers piquants de son fils contre sa nouvelle épouse. En prison, ce dernier se venge par ce quatrain irrespectueux :

Vieux parents, en vain vous prêchez,
Vous êtes d'ennuyeux apôtres ;
Vous nous fîtes pour vos péchés
Mais vous vivez trop pour les nôtres.

La Révolution survient mais les écrits de Champcenetz, toujours aussi ironiques, lui attirent les foudres des révolutionnaires. Il meurt guillotiné.

Il arriva au chevalier de tomber sur un esprit plus vif que le sien, un curé qui allait tranquillement sur un âne et dont il crut se moquer :

« Comment va l'âne, monsieur l'abbé ?

— *À cheval, monsieur l'officier, à cheval !* »
rétorqua le clerc.

MORT-VIVANT

Si le XVIIIe siècle est le siècle de la raison, il est aussi celui de Franz Anton Mesmer (1734-1815). Le traitement révolutionnaire de ce médecin autrichien installé dans la capitale française divise les Parisiens.

Les uns se bousculent dans son hôtel particulier afin de bénéficier du soin miraculeux, reposant sur un fluide universel à la source de toute vie. Un déséquilibre quelconque de ce flux explique, selon l'Autrichien, l'apparition des maladies. Sa thérapie propose donc, par imposition des mains ou par le moyen de bains dans des baquets magnétisés, de le réguler chez ses patients… Et ses patientes, ce qui fait jaser.

Les autres, les esprits incrédules et les scientifiques comme le chimiste Berthollet, ne tardent pas à démasquer la supercherie du mesmérisme. Une patiente à qui on fait croire qu'elle avait bu de l'eau magnétisée entre en convulsions… alors que ce n'était que de l'eau plate !

Les adeptes de la thérapie nouvelle ne désarment pourtant pas. Un certain Dulong a promis à un malade de le guérir en le baignant dans les fameux baquets, mais cela ne l'empêche pas de passer de vie à trépas.

> « *Qu'est-ce que cela prouve ?* se défend le fervent partisan. *Il est mort guéri.* »

ENTRER OU SORTIR ?

Le maréchal de Richelieu (1696-1788), petit-neveu du fameux cardinal, s'illustre surtout dans le domaine militaire (la bataille de Fontenoy en 1745 lui vaut une belle réputation). Mais il est aussi connu pour avoir introduit à la Cour les vins de Bordeaux et ramené la mayonnaise des Baléares (en 1756, après qu'il se fut emparé de Mahon aux Baléares, on lui servit au repas une sauce qui prit le nom de la localité). En revanche, s'il est élu à l'Académie, ce n'est pas en brillant dans les lettres puisqu'il multipliait les fautes d'orthographe !

Ce bon vivant aime folâtrer avec les femmes de la Cour et les actrices de l'Opéra. Il se marie trois fois et sa dernière femme, Jeanne de Lavaulx, est de trente-huit ans sa cadette. Comme le maréchal dépasse les quatre-vingts ans, son fils, le duc de Fronsac, s'inquiète de savoir comment il va s'en sortir.

« *Oh !* répond-il avec dépit, *ce n'est pas là qu'est l'embarras !* »

LE BARBIER DE LA BASTILLE

Parmi les plumes acerbes qui ont sévi dans la France prérévolutionnaire, on trouve Simon Nicolas Henri Linguet (1736-1794), avocat radié du barreau. Il avait le don de se mettre à dos à peu près tout le monde : les philosophes, les parlementaires qu'il dénommait les « robinocrates », les ministres, les souverains et surtout les Académiciens, qui lui refusaient un fauteuil. À tel point qu'une charmante et spirituelle charade courait sur son compte :

Mon premier sert à pendre [le lin de la corde]
Mon second mène à pendre [le gué]
Mon tout est à pendre.

Exilé à Londres, Linguet commet l'imprudence de rentrer à Paris. Arrêté, il est embastillé de 1780 à 1782. À en juger par une anecdote, il n'y perd pas son sens de la repartie. À un homme grand et sec qui s'introduit dans sa cellule, il demande qui il est. « Je suis le barbier de la Bastille », répond l'intrus.

« *Parbleu !* s'exclame Linguet,
vous auriez bien dû la raser... »

DANS LA M…

Pour s'attacher la fidélité de leurs vassaux, les rois ont eu tendance à recourir aux distinctions honorifiques. C'est ainsi que Louis XI crée à Amboise en 1469 l'ordre de Saint-Michel.

Trente-six chevaliers se voient remettre en récompense de leurs bons et loyaux services un collier d'or ou cordon de Saint-Michel. Il s'agit d'une double cordelière décorée de coquilles (celles que portent les pèlerins en route vers le Mont-Saint-Michel, siège initial de l'ordre) et terminée par un médaillon représentant le saint terrassant le dragon du mal.

Concurrencé par un ordre rival créé sous Henri III, l'ordre du Saint-Esprit, le cordon de Saint-Michel perd un peu de son aura et il est décerné de plus en plus à des artistes, des écrivains ou des magistrats. Mais il semble toujours faire la joie de ses impétrants, tel ce M. Quatremer, notable parisien qui le reçoit en 1786. Dans son enthousiasme, il demande à un commis s'il peut ajouter un « de » aristocratique à son nom.

« *Oui, monsieur, vous pouvez même en mettre un à la fin, si cela vous fait plaisir.* »

SŒUR COQUETTE

Les romans d'Adélaïde de Souza (1761-1836) constituent un précieux témoignage de la condition féminine des siècles passés, notamment le plus connu, *Adèle de Sénange*. La vie amoureuse des femmes est, alors, peu enviable et elles choisissent rarement leur époux. Elle-même est unie à l'âge de dix-huit ans au comte de Flahaut, un maréchal de camp de trente-six ans son aîné. Le mariage ne sera jamais consommé et la voilà réduite à se contenter d'amours illicites (notamment avec Talleyrand). Plus tard, Adélaïde convolera en secondes noces avec un ambassadeur portugais, M. de Souza.

Autre thème récurrent des ouvrages d'Adélaïde, la claustration des jeunes filles. Orpheline dès 1767, elle-même a connu l'atmosphère sereine des couvents. Elle a pu en sortir grâce à son mariage mais d'autres ont dû y passer leur vie, dans la solitude.

Elle se plaisait à rapporter les propos que sa supérieure lui tint un jour :

« Mon enfant, il me revient de toutes parts que vous êtes coquette, vous recevez des déclarations, on va jusqu'à dire que, si Monsieur Untel eût voulu…

> — *Eh, mon Dieu, ma mère*, se désole la jeune femme, *pourquoi n'a-t-il pas voulu ?* »

TÊTE DE COCHON

L'historien Charles Gérard (1814-1877) était un amoureux de sa patrie d'adoption: l'Alsace. Installé à Colmar, il consacra son œuvre entière à l'histoire, aux œuvres d'art et à la gastronomie alsaciennes. C'est à cette dernière que s'intéresse son plus grand succès, *L'Ancienne Alsace à table*, paru en 1862.

Il y évoque la viande reine des locaux: le cochon, «utile jusque dans sa dernière fibre». Il explique comment on servait la tête – «froide et entourée de gelée» – quand il lui vient l'envie d'une délectable digression, qui vaut la narration.

Le chapeau à la main, l'abbé C***, curé de campagne, parcourait «les montagnes d'Alsace un jour froid d'automne» et rencontra quatre bûcherons auprès de qui il s'enquit de sa route. L'un d'eux crut pouvoir se payer sa tête:

«Couvrez-vous, monsieur le curé. Les têtes de veau ne sont bonnes que chaudes.

> — *C'est juste*, répond le clerc en s'exécutant. *Quant à vous, bas les casquettes! Car vous savez que les têtes de cochon ne sont bonnes qu'à la gelée...*»

À LA LANTERNE

En 1789, il apparaît un peu comme l'anti-Mirabeau. D'abord parce que l'abbé Jean-Siffrein Maury est le seul ou presque à oser affronter les coups de gueule de l'impétueux. Ensuite, parce qu'il a en quelque sorte suivi le chemin inverse de son adversaire.

Ce fils de cordonnier aurait pu se retrouver du côté du tiers état, d'autant qu'il se heurta dans sa carrière ecclésiastique aux préjugés aristocratiques. Il se vit en effet refuser la dignité épiscopale à cause de ses origines populaires. Mais l'homme nourrissait de hautes ambitions : prédicateur du roi et académicien, il fut élu député du clergé et utilisa sa verve littéraire pour défendre bec et ongles l'Ancien Régime. Il devint rapidement la cible des caricatures.

Malgré les quolibets, l'abbé Maury assumait ses engagements. Un jour qu'il sortait de l'Assemblée, des révolutionnaires le pressèrent de toutes parts, hurlant :

« L'abbé Maury à la lanterne ! »

Il ne se laissa pas impressionner :

> *« Et quand vous m'aurez mis à la lanterne,*
> *en verrez-vous plus clair ? »*

BRISE DE NIS

Pendant la Terreur (1793-1794), les têtes tombèrent « comme les tuiles un jour de vent » (Fouquier-Tinville). Il ne fait pas bon afficher son attachement à l'Église ou à l'ordre ancien.

Après l'adoption du calendrier républicain qui supprima la semaine de sept jours, les églises furent fermées, saccagées ou vouées au culte de la Raison. Les assaillants n'épargnèrent pas Notre-Dame de Paris : les statues figurant les rois de Juda, confondus avec les rois capétiens, furent décapitées et enlevées de la galerie surplombant le porche, tandis que le maître-autel fut détourné pour servir au culte de l'Être suprême. Les mêmes scènes sacrilèges se reproduisirent en province, avec parfois plus de dérision. À Lyon, par exemple, Fouché, envoyé par la Convention pour étouffer les menées contre-révolutionnaires, organisa une cérémonie en l'honneur de Chalier, mort en martyr de la Révolution, au cours de laquelle un âne fut revêtu des habits pontificaux, une bible attachée à la queue !

Une telle hostilité incite à la prudence, on le comprend. On raconte qu'un homme, se présentant en vue d'obtenir un passeport, prétendit s'appeler « Nis ». « Nis tout court ? » s'étonne-t-on.

> « *Il le faut bien puisqu'on a supprimé les saints et les "de"*, réplique-t-il. *Je m'appelais Saint-Denis avant l'ère de la liberté.* »

NUISIBLES

Lorsque Louis XVI convoque les états généraux en 1788 et l'autorise la rédaction de cahiers de doléances, la suppression de la dîme est une revendication récurrente. Cet impôt était perçu par le clergé depuis des temps immémoriaux et s'ajoutait aux taxes, déjà élevées, que supportait la population. La dîme représentait tout de même un dixième des récoltes – d'où son nom ! À chaque moisson, les paysans rassemblaient les gerbes de blé par dizaines et le percepteur de l'Église en subtilisait systématiquement une dans chaque tas. En temps de disette, cette pratique aggravait un peu plus encore la misère.

En 1789 justement, les récoltes sont mauvaises. Un laboureur s'en plaint à un élu de bailliage, M. de Coigny. Il lui fait part de l'urgence de faire disparaître les pigeons, les lapins et… les moines. Lorsque Coigny lui fait part de son incompréhension, notre fermier explique :

> « *Les pigeons nous mangent en grains, les lapins en herbe et les moines en gerbes…* »

ON RASE GRATIS

En novembre 1789, l'abbé Maury tonne plus que jamais contre les audaces révolutionnaires. Pour résorber le déficit budgétaire, un élu de son ordre, l'évêque d'Autun Talleyrand, ne propose-t-il pas de nationaliser les biens de l'Église ? Cette mesure sacrilège, jointe à la suppression de la dîme, menace l'existence même de l'institution religieuse.

Pour tenter de dissuader l'Assemblée de voter cette motion, l'abbé Maury invoque la solidarité de fortune des députés du tiers état, tous nantis : « Nos propriétés garantissent les vôtres. Nous sommes attaqués aujourd'hui, mais ne vous y trompez pas, si nous sommes dépouillés, vous le serez à votre tour. » Rien n'y fait, le texte est voté le 2 novembre.

Les débats ont été houleux. Multipliant les gesticulations et les attaques verbales, certains clercs s'obstinent à vouloir faire avorter le projet. Du public, qui assiste aux échanges dans les tribunes, jaillit de temps en temps une interpellation à l'encontre des prélats contestataires :

> « *Messieurs ! Messieurs !* prévient une patriote,
> *on vous rase ; prenez garde : si vous remuez tant,*
> *vous vous ferez couper.* »

L'ombre de la guillotine plane…

DÉLIT DE SALE GUEULE

La laideur de Gabriel de Mirabeau était légendaire. À sa naissance, souffrant probablement d'hydrocéphalie, l'enfant Gabriel rendit l'accouchement particulièrement douloureux pour sa mère. Quant à son père, le récit qu'il en fit est accablant: «Avant même que je connusse le sexe du nouveau-né, le premier mot que j'entendis fut celui-ci: ne vous effrayez pas.» Le nourrisson avait deux grandes dents, la langue nouée et un pied tordu! Si l'on ajoute les effets d'une variole qu'il contracta à l'âge de trois ans et qui laissa son visage grêlé, on comprendra aisément l'étendue des dégâts.

Heureusement, si elle avait été chiche quant à l'apparence, Dame Nature se montra généreuse pour ce qui est de l'esprit. Doté d'un caractère fort et d'une intelligence acérée, Gabriel brillera toute sa vie par ses formules et sa verve. Les femmes y furent très sensibles...

Mirabeau eut d'ailleurs à répondre devant une cour du «rapt de séduction». Il s'était en effet enfui avec l'épouse d'un marquis à l'étranger. Voici comment il assura sa propre défense: «Pour toute réponse et pour toute défense, je demande que mon portrait soit mis au greffe!» Comme le commissaire semblait ne pas comprendre l'allusion, le juge précisa:

«*Bête, regarde donc la figure de monsieur!*»

EN UN CLIN D'ŒIL

Le docteur Guillotin (1738-1814), député du tiers état, voulait rendre service à la nation en «humanisant» la peine de mort, jusque-là inégalitaire (la pendaison ou la décapitation pour les nobles, l'écartèlement et la roue pour les autres) et barbare (les ratés n'étaient pas rares). Au moins son «rasoir national» mettrait-il tout le monde sur un pied d'égalité et épargnerait au supplicié la souffrance…

Mais on ne lui en sut pas gré et on baptisa son invention la «guillotine», ce qu'il n'accepta jamais. Il faut dire que, au début de la Révolution, il en fit une drôle de promotion à la tribune de l'Assemblée en déclarant: «Avec ma machine, je vous fais sauter la tête en un clin d'œil.»

Ses paroles semblent avoir convaincu l'évêque constitutionnel de Lyon, Lamourette. Lors de la lecture de la condamnation à mort de ce dernier (ses amitiés girondines lui valurent l'hostilité des Montagnards), il rassura ceux qui s'en lamentaient pour lui:

> «*Il faut se préparer à la mort ; au surplus, qu'est-ce que la guillotine? Une chiquenaude sur le cou…*»

Évidemment, vu sous cet angle…

UN SUSPECT ÉLARGI

Antoine Martainville n'a pas dix-huit ans quand il est présenté devant le tribunal révolutionnaire.

Depuis qu'il a été établi à Paris en mars 1793, le tribunal a envoyé à la guillotine de nombreux ennemis de la Révolution, réels ou supposés. Sur le fondement de simples présomptions, juges et jurés populaires doivent se prononcer pour l'innocence ou la mort. Pas de peines intermédiaires, pas d'avocat, pas d'audition des témoins et pas d'interrogatoire du suspect non plus. Le tribunal doit se forger une intime conviction à partir du réquisitoire de l'accusateur public, souvent un serviteur zélé.

Des méthodes aussi expéditives n'impressionnent pourtant pas tous les suspects. Ainsi, notre Martainville, publiciste attaché à la monarchie et féroce adversaire de la Révolution, ne peut s'empêcher de se montrer sarcastique quand le président du tribunal prétend reconnaître en lui un sang bleu et accole à son nom la particule nobiliaire «de». Il le tance ainsi:

> «*Citoyen, tu es en place pour me raccourcir,*
> *et non pour me rallonger.*»

De l'assistance amusée jaillit un: «Qu'on l'élargisse!» Et Martainville fut innocenté…

DÉFENSE DE JACASSER

Parmi les nombreuses réformes engagées par les députés de la Révolution, celle uniformisant le système des poids et des mesures s'est répercutée bien au-delà des frontières du pays.

Jusque-là, une parfaite anarchie régnait dans le domaine des mesures. Si la distance s'exprimait partout en lieues, la lieue de Paris correspondait à peine à quatre kilomètres, alors que la voisine bourguignonne approchait les six kilomètres ! Avouez que pour un commerçant acheminant son chariot de vivres à travers plusieurs régions, il y avait de quoi devenir chèvre. Il en allait de même pour les surfaces (des « arpents » de taille variable), pour les volumes (les émines, les setiers, les minots, etc.), pour les poids (les livres, les onces)... À en perdre son latin !

En février et mars 1791, une commission de scientifiques, composée de grands noms (Monge, Laplace, Condorcet notamment), plancha donc sur une réforme visant à simplifier tout cela. Le gramme, le litre et le mètre furent adoptés et déclinés sur une base décimale.

Le mètre cube de bois (stère) donna lieu à une boutade populaire et quelque peu misogyne :

> « *Cela ne prendra pas... Allez donc parler aux femmes de stère !* » blaguait-on.

UN HOMME SINGULIER

On oublie souvent qu'Antoine de Rivarol (1753-1801), dont le *Discours sur l'universalité de la langue française* remporta tous les suffrages à l'académie de Berlin en 1784, fut un fervent défenseur de notre langue.

On retient surtout son engagement farouche contre les révolutionnaires. Celui que Sainte-Beuve qualifie « d'une originalité fine et d'une urbanité piquante » prit fait et cause pour cet Ancien Régime voué aux gémonies. Il était pourtant d'extraction modeste puisque son père tenait à Bagnols-sur-Cèze, sa ville natale, l'auberge des Trois-Pigeons. Arrivé à Paris, Antoine se fit appeler tantôt chevalier de Parcieux (particule qu'un aïeul maternel avait usurpée), tantôt comte de Rivarol. Il racontait que ses ancêtres italiens, les Rivaroli, étaient de souche ancienne.

Personne ne semblait dupe de telles origines fabulées. Au début de la Révolution, alors que Rivarol ne cessait de se lamenter sur le sort des aristocrates – « *Nous* avons perdu *nos* droits, perdu *notre* fortune… » –, M. de Créqui s'étonna qu'il s'associe ainsi au sort de la noblesse. Quand Rivarol lui en demanda la raison, il répondit plaisamment :

« *C'est ce pluriel que je trouve singulier.* »

MORT DE FROID

L'astronome Jean-Sylvain Bailly (1736-1793) passa de la gloire à la roche Tarpéienne en quelques semaines. C'est lui qu'on voit debout sur une table, au milieu de la salle du jeu de paume à Versailles, prêter serment au nom de toute l'Assemblée, pour que le pays se donne une nouvelle Constitution en juin 1789. C'est lui aussi qui remet, au lendemain de la prise de la Bastille, la cocarde tricolore au roi.

La Révolution ayant triomphé, il juge qu'elle doit désormais en arriver à son terme. Le roi a partagé son pouvoir, il faut maintenant le protéger de la colère du peuple. Le 17 juillet 1791, il fait tirer sur une foule venue réclamer la déchéance de Louis XVI. Cette fusillade du Champ-de-Mars ne lui sera jamais pardonnée.

Arrêté puis jugé devant le tribunal révolutionnaire, il est condamné à la guillotine en novembre 1793. Sous une pluie glaciale, les insultes et les crachats, il est conduit sur ce Champ-de-Mars où il a fait répandre le sang. Le supplice s'éternisant, Bailly, frigorifié, est pris de tremblements. « Tu trembles, Bailly ? » lance un furieux, désireux de l'humilier. Ce à quoi le supplicié répondit calmement :

« *Mon ami, c'est de froid.* »

ANGUILLE SOUS ROCHE

Lorsque l'on connaît le parcours du personnage, l'éloge funèbre de Marat en novembre 1794 a de quoi surprendre. «Comme Jésus, peut-on entendre, Marat détesta les rois, les nobles, les prêtres, les riches, les fripons et, comme Jésus, il ne cessa de combattre ces pestes de la société.» Depuis qu'il avait été assassiné dans son bain par Charlotte Corday, le martyre de la Révolution était encensé et son corps avait été inhumé au Panthéon.

Pourtant, de son vivant, il fit trembler plus d'un aristocrate et plus d'un député. Car il ne cessait d'appeler à la lutte violente contre les opposants à la Révolution et vilipendait ses faux défenseurs, traîtres aux idéaux de partage et d'égalité. Partout, il voyait des ennemis, et Desmoulins le surnomma «Cassandre-Marat»!

Lorsque les députés girondins, trop modérés à son goût, occupèrent le devant de la scène, Marat les invectiva violemment et sans relâche. Est-ce pour cette raison que Pierre Vergniaud, l'«aigle de la Gironde», est apparu particulièrement inquiet à son compagnon de lutte, Armand Gensonné?

> «*Il m'arrive un grand malheur*, lui explique Vergniaud. *Hier Marat a dit du bien de moi.*»

LA DEMI-RATION DES CONVENTIONNELS

La décapitation de Robespierre le 9 thermidor de l'an II est accueillie par les aristocrates avec un immense soulagement. Les voilà de nouveau dans les rues de la capitale, fêtant avec tapage et ostentation la fin de la Terreur. En écho à *La Marseillaise*, ces muscadins ont leur propre hymne, *Le Réveil du peuple*, qui dénonce les excès de la Révolution et des jacobins.

Mais le peuple crie famine. L'hiver 1794-1795 a été d'une rigueur extrême, anéantissant les récoltes et gelant les rivières. La production et la circulation du blé ont été perturbées tandis que les spéculateurs stockent les grains dans l'attente de prix plus élevés. Les députés de la Convention doivent donc limiter les rations de pain au printemps 1795. Affamés, les Parisiens n'en perdent pas leur sens de l'humour et aiment à dire que l'œuvre des Conventionnels «les a réduits à l'admiration» (la demi-ration)…

Alors qu'on entonne en chœur à l'Opéra le fameux *Réveil du peuple*, un spectateur cocasse se lève et crie:

«Ne l'éveillez pas ; qui dort dîne!»

UN HOMME BATTU

L'hôtel parisien de la rue Chantereine a abrité les amours de Joséphine de Beauharnais et de Napoléon aussi bien que leurs déchirements.

Quand, après une longue séparation, le général rentre triomphant de la campagne d'Italie, il trouve une maison vide. Son épouse, dont il est follement épris, ne l'a pas attendu sagement à la maison. Elle préfère folâtrer dans les bras d'un cavalier de hussards, Hippolyte Charles. Ouvertement cocu, notre général y gagne le surnom de «général Cornaparte». Ce n'était pas la première couleuvre que Joséphine lui faisait avaler, mais cette fois, c'en était trop. Il veut divorcer. Aussitôt Joséphine reparaît, pleure, le supplie. Il cède et pardonne une nouvelle fois…

À l'hôtel de la rue Chantereine, rebaptisée rue de la Victoire, les proches du couple fêtent le grand général. À la fin d'un repas donné en son honneur, comme Bonaparte s'attarde trop à table, son épouse lui tape sur l'épaule pour lui rappeler qu'il doit se lever: «Messieurs, je vous prends à témoin que ma femme me bat.» Un convive, le dramaturge Collin d'Harleville, ajoute alors:

«*Tout le monde sait qu'elle seule a ce privilège.*»

Simple flagornerie ou ironie déguisée?

PETIT JOUEUR

Les frasques de Joséphine ont sans doute aggravé la misogynie de Bonaparte. Les réflexions désobligeantes que l'Empereur asséna aux représentantes du sexe faible à sa cour s'en ressentent. De l'une, il moque le « gros nez », à l'autre il fait remarquer qu'elle vieillit mal. Dans ses *Mémoires*, Bourrienne nous livre d'autres perles du genre : « Ah, mon Dieu ! Comme vous avez les bras rouges ! », « Oh ! La vilaine coiffure ! Qui vous a fagoté les cheveux comme cela ? » ou encore : « Est-ce que vous ne changez jamais de robe ? Je vous ai vu celle-là vingt fois... »

Ses mufleries à répétition devaient bien finir par lui valoir une rebuffade en public. Lors d'un bal, il lance à la duchesse de Fleury, connue pour ses aventures galantes :

« Eh bien, madame, aimez-vous toujours autant les hommes ? »

La réponse est cinglante :

« *Oui, Sire, quand ils sont polis.* »

Mme de Bassanville, dans ses *Salons d'autrefois*, raconte que le mari de la duchesse paya l'effronterie de sa femme de son poste de préfet quelques jours plus tard. Napoléon, petit joueur...

LES DÉSHONORÉS DU HOCHET

Pour Napoléon, les dames n'ont pas à se préoccuper de politique ; il le dit sans ambages : « Mieux vaut que les femmes travaillent de l'aiguille que de la langue, surtout pour se mêler des affaires politiques. »

Pas surprenant donc que Germaine de Staël (1766-1817) ait attiré ses foudres tyranniques. Dans son *Delphine* de 1802 dédié à la « France silencieuse », elle prend position contre l'Église catholique et se prononce pour le divorce. Circonstance aggravante, son salon est fréquenté par des opposants à Bonaparte, les généraux Moreau et Bernadotte. En octobre 1803, la condamnation tombe, elle doit se tenir à plus de quarante lieues de la capitale. Commencent pour elle dix années d'exil, passées à lutter contre l'Empereur.

Quand elle apprend que certains de ses amis figurent dans la première promotion de la Légion d'honneur, ce « hochet » que Bonaparte a créé pour récompenser les bons et loyaux serviteurs de la nation, elle ne peut s'empêcher d'ironiser :

« *Vous voilà des honorés.* »

LE DIEU DE LA CHAISE

La ville de Boulogne-sur-Mer est en effervescence en ce mois d'août 1804. Elle est devenue la plus grande caserne du royaume, accueillant des dizaines de milliers de soldats et plus de deux mille vaisseaux prêts à débarquer chez l'ennemi britannique. Napoléon veut en finir avec Albion.

Le voilà justement qui se présente devant les Boulonnais, au lieu-dit de Terlincthun. Pour mieux galvaniser le moral des troupes, il va remettre les premières légions d'honneur à des militaires. La colonne de la Grande Armée rappelle aujourd'hui ce moment historique. À l'époque, on a aménagé un amphithéâtre romain où 120 000 soldats vont assister à la remise de la médaille honorifique.

La veille, le préfet du Pas-de-Calais, un ancien général de brigade reconverti dans la politique, Jacques François, baron de La Chaise, a accueilli Napoléon. Ne reculant devant aucune énormité pour plaire à son empereur, il a osé ces mots de bienvenue d'une rare obséquiosité : « Dieu créa Napoléon, puis il se reposa. » Il n'en fallait pas plus pour que coure aussitôt ce quatrain moqueur :

Dieu n'en resta pas là !
Il fit encore la chaise,
Puis il se reposa
Encore plus à son aise.

NÉPOMUCÈNE ÉNERGUMÈNE

Le poète et dramaturge Lemercier, répondant au pittoresque prénom de Népomucène, était un sacré énergumène. À l'âge de dix-sept ans, il fait donner devant la cour de Louis XVI sa première pièce, qui remporte un franc succès. Pourtant, le lendemain, il congédie les acteurs par ces mots : « C'est un enfant que le public a applaudi pour l'encourager. Je retire mon ouvrage, et tâcherai que ma seconde tragédie soit plus digne de vos talents. » Coup d'éclat qui en annonce d'autres !

Après la proclamation de l'Empire, notre homme, qui avait déconseillé à Napoléon de restaurer un système monarchique, renvoie sa Légion d'honneur. L'invité des soirées de la Malmaison (la résidence de Joséphine) devient *persona non grata*. Les deux hommes s'évitent mais se retrouvent de temps à autre dans les cérémonies officielles, puisque Népomucène est élu académicien en 1810.

Lors d'une de leurs rencontres mondaines, alors que la campagne de Russie se prépare, l'Empereur, un brin provocateur, interpelle Lemercier :

« Eh bien ! Lemercier, quand nous ferez-vous encore une belle tragédie ? »

L'auteur répond par une saillie prophétique :

> « *Sire, j'attends.* »

La Bérézina, peut-être ?

ONCTUEUX DESSERT

En récompense de ses succès militaires, Eugène de Beauharnais (1781-1824), beau-fils de l'Empereur, est nommé général, colonel général des chasseurs de la Garde et surtout Grand Aigle de la Légion d'honneur à l'âge de seulement vingt-quatre ans ! Une carrière prometteuse.

Après la glorieuse campagne de 1805, alors qu'il s'apprête à convoler en justes noces avec Augusta Amélie de Bavière, Eugène surprend à une fenêtre du palais des Tuileries une conversation entre deux gardes :

« Allons, en voilà une qui n'est pas malheureuse, lance le premier.

– Oui, elle aura un bel homme », ajoute le second.

Commentant ce qui semble une tare héréditaire chez les Beauharnais (puisque Joséphine, en dépit de sa grâce, avait les dents toutes gâtées), les soldats poursuivent leur dialogue :

« C'est dommage qu'il n'ait plus de dents.

— Bah ! Est-ce qu'on a besoin de dents pour prendre une bavaroise ?»

ONCTUEUX DESSERT (BIS)

En 1810, Napoléon Ier épouse en secondes noces Marie-Louise d'Autriche. Celle-ci ne se fera jamais vraiment à la vie de cour et ce d'autant moins qu'elle ne maîtrisait pas toutes les subtilités du français.

Cette appropriation imparfaite de notre langue va lui jouer un tour cocasse. Un jour que Napoléon, irrité par ce qu'il venait de lire dans une dépêche de Vienne, traite le père de Marie-Louise de « ganache », celle-ci s'enquiert auprès d'un conseiller d'État de la signification d'un tel terme. Ce dernier, embarrassé, lui répond qu'il s'agit d'« un homme sage, de poids, de bon conseil ». La discussion en reste là.

Mais, peu après, Marie-Louise préside un Conseil d'État plutôt animé. Voulant mettre fin aux querelles stériles, elle interpelle Cambacérès qui est resté muet jusque-là :

> « *C'est à vous à nous mettre d'accord dans cette occasion importante, vous serez notre oracle ; car je vous tiens pour la première et la meilleure ganache de l'Empire.* »

AVEC DES SI

De tous ceux qui se sont opposés au pouvoir personnel de Napoléon, le général Malet (1754-1812) fut probablement le plus audacieux. Le plus tenace aussi : arrêté une première fois pour son républicanisme exacerbé, il conspira à deux reprises, en 1808 et 1809, contre l'Empereur. Dénoncé la première fois par un « mouton » (détenu soudoyé par l'administration pour recueillir les propos des autres prisonniers), il organisa son nouveau coup d'État dans le plus grand secret.

Son plan était simple, mais culotté : colporter, à l'aide de fausses certifications, l'annonce de la mort de Napoléon, parti pour la campagne de Russie, et recourir au sénat pour rétablir la République ! Le pire, c'est que tous ou presque, militaires comme politiques, étaient prêts à le suivre, ses faux paraissant plus vrais que nature. Il fallut toute la lucidité du colonel Doucet et de son adjoint Laborde à l'état-major pour que la conspiration tourne court.

Traduit en conseil de guerre le 29 octobre 1812, Malet ne pouvait échapper à la peine de mort. Cela ne l'empêcha pas de répliquer avec panache au président du tribunal, Dejean, qui lui réclamait l'identité de ses complices :

> « *La France et vous-même, monsieur le président, si j'avais réussi.* »

DÉJEUNER SUR L'HERBE

Louis Lefébure de Fourcy (1787-1869), dont la carrière en mathématiques a été brillante, semble avoir oublié qu'un bon professeur est aussi celui qui parvient à stimuler ses élèves dans le respect et le dialogue.

Répétiteur à Polytechnique puis examinateur au lycée Louis-le-Grand, avant d'obtenir une chaire en faculté, il inspire à ses étudiants une peur confinant à la terreur. Son fils lui-même, évoquant leurs séances de travail, témoigne de ses emportements : « Je redoutais comme le feu ces séances, parfois orageuses pour moi jusqu'aux larmes. » Même dureté aveugle avec le futur chimiste Henri Victor Regnault lors d'un oral d'admission public : « L'auditoire, ému, se passionnait pour ce jeune homme près de tomber évanoui. »

Heureusement, il y a une justice. Notre odieux inquisiteur, face à un candidat tétanisé et muet, fait appel à un huissier :

« Apportez une botte de foin à monsieur pour son déjeuner. »

Piqué au vif, le jeune homme se ressaisit, pour notre plus grande joie :

« *Apportez-en deux, nous déjeunerons ensemble.* »

PIEDS DE PLOMB

Personne n'incarne mieux l'opportunisme politique que Charles-Maurice de Talleyrand (1754-1838). Issu d'une illustre famille, il aurait suivi une carrière militaire si une malencontreuse chute depuis une commode alors qu'il était enfant ne lui avait laissé un pied bot. Il devient évêque d'Autun en 1788.

Élu aux états généraux de 1789, il propose la nationalisation des biens du clergé, ce qui lui vaut d'être excommunié. Mais notre homme sait rebondir. Après un exil forcé, il revient sous le Directoire où il obtient un poste de ministre aux Relations extérieures. Au passage, il n'oublie pas d'assurer son train de vie à l'aide de pots-de-vin exorbitants. Devenu prince de Bénévent sous l'Empire, il rallie les Bourbons en 1815. Pour finir, il sait gagner la confiance de Louis-Philippe. Bref, cet habile négociateur, ce manipulateur des faiblesses humaines, sert toutes les causes.

Cela fait dire un jour à Mme de Staël, qui soutient pourtant sa carrière, ces mots aigres-doux :

> « *Ce bon Maurice ressemble aux petits*
> *bonshommes que l'on donne aux enfants,*
> *et dont la tête est en liège et les jambes*
> *en plomb : on a beau les jeter et les renverser,*
> *ils se retrouvent toujours sur leurs pieds.* »

HAINE AU N

Les souverains et les chefs d'État aiment graver dans la pierre le souvenir éternel de leur passage. Nombre de châteaux, manoirs et autres palais royaux portent encore les initiales ou les symboles de leurs illustres propriétaires.

Napoléon n'a pas échappé à la règle. Chassant les fleurs de lys de ses prédécesseurs Bourbons, il les a remplacées par des abeilles, symbole par excellence du labeur, de l'ordre et de la discipline. Il souhaitait montrer par là même la filiation de son autorité avec celle des premiers princes mérovingiens, dont on considère que l'insecte était le symbole. Nous avons conservé beaucoup de tentures impériales figurant ces travailleuses infatigables.

Bonaparte fait également marquer les constructions avec l'initiale de son prénom. D'ailleurs, cela provoque la confusion sous la Restauration. Quand Louis XVIII arrive au palais des Tuileries, on se confond en excuses de n'avoir pas encore retiré les tapis parsemés de *N*. Le frère de Louis XVI aurait répondu :

> «*Mais, au contraire, j'ai plaisir à marcher dessus.*»

TOURMENTS ÉTERNELS

Le mariage de Chateaubriand avec Céleste de La Vigne-Buisson en 1792 est une union de raison, le futur chantre du romantisme voulant assurer son confort matériel. Pourtant, et malgré les absences et les infidélités de son époux, Céleste lui restera attachée.

Ils dînent un soir en compagnie du célèbre chansonnier de l'époque, Béranger, que Chateaubriand décrit comme l'«un des plus grands poètes que la France ait jamais produits». Il y a là aussi l'archevêque de Paris, monseigneur de Quélen, avec qui Céleste s'entretient des tourments de l'enfer. Le prélat lui affirme péremptoirement que les damnés y brûlent pour l'éternité, ce qu'elle se refuse d'admettre et juge impossible.

«Pourquoi est-ce impossible?» interroge l'homme d'Église. La réplique de son interlocutrice ne manque ni de piquant ni d'un certain aplomb:

> «*Parce que si on disait à chacun de vous:*
> *vous avez des frères, des sœurs, une mère,*
> *des enfants, une épouse qui sont à cette heure*
> *à crier là-bas, au milieu des flammes, sur la place*
> *de la Concorde, je suppose que vous ne dîneriez*
> *pas avec la même tranquillité d'esprit, quelques*
> *fautes ou crimes qu'aient commis ces parents.*»

LE BOULET

Le duc Adrien de Montmorency-Laval (1768-1837) fit une belle carrière diplomatique sous la Restauration. Mais pour poli qu'il fût, il enchaînait les bévues…

En poste à Naples, il se trouve un soir en présence de l'ambassadeur autrichien au balcon du théâtre San Carlo, d'où l'œil peut embrasser toute la salle. Il fait soudain remarquer à son voisin :

« Dieu, que nous avons là de laides personnes dans la loge du corps diplomatique !

— Mais, c'est ma femme, arrivée ce matin, rétorque l'Autrichien.

— Pas celle-là que vous désignez, rectifie Adrien ; l'autre à côté, en robe blanche, elle est affreuse !

— C'est ma sœur, retourne mécontent son partenaire.

— Mais non, non, la troisième, si disgracieuse : les autres sont très bien.

— C'est ma fille !

> *— Ah ! Elle est charmante !* enchaîne sans trouble apparent le duc. *Ces dames sont toutes charmantes, monsieur l'ambassadeur, et je vous fais mes bien sincères compliments sur votre charmante famille.* »

DES OIES INTROUVABLES

Après le bref retour de Napoléon lors des Cent-Jours et le rétablissement de la monarchie en 1815, certains royalistes extrémistes, les ultras, crient vengeance contre ceux qui ont détruit l'Ancien Régime ; ils réclament «des fers, des bourreaux et des supplices» contre les révolutionnaires et les bonapartistes. C'est la Terreur blanche (de la couleur du drapeau de la monarchie).

Louis XVIII n'a pas restauré une monarchie absolue mais constitutionnelle, avec une Chambre des députés élue au suffrage censitaire. Les élections du mois d'août 1815 voient la victoire écrasante des ultras, à tel point que le roi appelle l'assemblée la «Chambre introuvable». Sans surprise, les premières lois votées sont réactionnaires. Elles ne contribuent en rien à l'apaisement dont la France aurait besoin.

Aussi, quand on interroge Talleyrand sur la capacité des nouveaux élus à sauver le pays, ce jongleur de sarcasmes fait allusion à un épisode célèbre de l'histoire de Rome, le sac de la ville par les Gaulois, au IVe siècle avant notre ère :

«*Le Capitole n'a-t-il pas été sauvé par des oies ?*»

GAIN DE TEMPS

En 1815, à l'heure des ultras dont le parti est baptisé le «parti-prêtre», il est de bon ton de montrer son attachement à l'Église catholique qui fut le plus fidèle soutien à l'ordre monarchique ancien. Les livres d'heures, qui compilent les psaumes rythmant les prières de la journée, connaissent alors un grand succès. Ce sont des sortes de bréviaires mais destinés aux laïcs, illustrés d'images pieuses et d'un calendrier liturgique annuel.

Au cours d'un office, l'anatomiste et chirurgien du roi, Guillaume Dupuytren (il léguera une partie de sa fortune à un musée de pathologie anatomique qui existe toujours à Paris), laisse tomber le sien (on est en droit de se demander si la maladresse fut calculée). La duchesse d'Angoulême, fille aînée de Louis XVI et de Marie-Antoinette, chuchote au duc d'Havré, son voisin :

«Voilà M. Dupuytren qui perd ses heures…

> — *Mais qui ne perd pas son temps !*» réplique cyniquement le duc.

DERNIERS MOTS DU CONDAMNÉ

Victime de son goût immodéré pour la bonne chère, Louis XVIII ne pouvait qu'en pâtir sérieusement à la fin de sa vie. Son appétit vorace le condamna à l'obésité et à l'impotence. Il ne se déplaçait plus qu'à l'aide de béquilles et il n'était pas rare de le voir traverser les Tuileries dans un fauteuil roulant. Cela ne contribua certainement pas à corriger son impopularité ; les caricaturistes s'en donnaient à cœur joie en le représentant sous les traits d'un cochon.

Les pathologies liées à la gloutonnerie, athérosclérose, hydropisie et goutte, le firent beaucoup souffrir dans ses derniers moments. À la fin du mois d'août 1824, une plaie suppurante lui affecte le bas du dos. S'il refuse au départ de s'aliter (« Un empereur doit mourir debout », répète-t-il à l'envi, à la suite du Romain Vespasien), il doit s'incliner face à la gangrène et gagne le lit le 12 septembre. Un valet, en le déplaçant, lui arrache par mégarde des lambeaux de chair de son pied putréfié. Les odeurs sont tellement nauséabondes qu'il devient difficile pour son entourage de le veiller à son chevet…

Louis XVIII se sait condamné et s'apprête à laisser le trône à son frère Charles. Face à ses médecins impuissants, il lâche un dernier calembour sardonique :

> « *Allons, finissons-en, Charles attend.* »

Il meurt le 16 septembre à soixante-huit ans.

MOURIR AU SEC

Le grand critique littéraire du XIXe siècle, Sainte-Beuve (1804-1869), abandonne ses études de médecine et devient à vingt ans journaliste au *Globe*, un journal libéral fondé par l'un de ses anciens professeurs, Paul-François Dubois.

Sainte-Beuve intègre par la suite le Cénacle, berceau du romantisme, où il se lie d'amitié avec Victor Hugo. Amitié qui est mise à rude épreuve par le rapprochement un peu trop chaleureux entre le critique et Adèle Hugo, il est vrai délaissée par un mari volage. Le futur auteur des *Misérables* rebaptise alors son rival «Sainte-Bave»...

Ce dernier a un caractère ombrageux. Victime de la «maladie de l'amour-propre», comme il le reconnaît lui-même, il provoque un jour Dubois en prétendant que son maître était de la Gloire inférieure, comme il aurait dit du département de la Loire inférieure.

À cette époque, les questions d'honneur se règlent au duel. Le 20 septembre 1830, dans le bois de Romainville, nos deux hommes s'apprêtent à s'affronter au pistolet. Mais comme il ne cesse de pleuvoir, Sainte-Beuve refuse de quitter son parapluie, se justifiant:

> «*Je veux bien être tué, mais je ne veux pas être mouillé.*»

MARÉE BASSE

Lancée par les Merveilleuses sous le Directoire, la mode du décolleté et de la crinoline bat son plein au XIXe siècle. Le décolleté constitue «le privilège des jolies femmes. Découvrant les rondeurs d'un buste divin, il en fait valoir l'harmonie, il en souligne les perfections délicates», peut-on lire en 1885 dans *L'Art de la toilette chez la femme. Bréviaire de la vie élégante.*

Sensible aux charmes de la gent féminine, Napoléon III se frisait frénétiquement la moustache de concupiscence quand passait une robe qui dévoilait le relief harmonieux d'une invitée au palais des Tuileries. Lors d'un bal costumé en mars 1853, il est subjugué par l'un de ces décolletés plongeants. Mais il n'est pas le seul: le baron Dupin, sénateur, ne lâche pas non plus des yeux la céleste apparition. À tel point que la jeune femme l'interpelle:

«Mais enfin, qu'avez-vous à me regarder ainsi, monsieur le sénateur?

— J'admire, chère madame, l'originalité de votre costume et je me demande ce qu'il représente.

— Je suis Amphitrite, la déesse de la Mer!

> *— Amphitrite, Amphitrite... Ah! oui...*
> *Mais à marée basse alors.*»

VIDE-POCHE

Les deux derniers Bourbons, Louis XVIII et Charles X, n'ont pas su concilier la restauration monarchique et les aspirations libérales des Français. Faute de s'être bien entourés, ils ont précipité leur chute et préparé la révolution de 1830.

Parmi les nostalgiques de l'Ancien Régime – les ultras – qui peuplent les ministères, s'agite l'ancien avocat Jacques-Joseph de Corbière (1766-1853). Élu de l'Ille-et-Vilaine à la Chambre introuvable de 1815, il prépare les lois réactionnaires limitant l'amnistie des révolutionnaires et des bonapartistes ou encore celle contre le divorce. Lorsque le très conservateur Villèle est appelé à la tête du gouvernement en 1820, de Corbière reçoit le portefeuille de l'Intérieur.

Ce ministre sévère ne manque pas d'à-propos. Un jour, dans le cabinet de Louis XVIII, très à son aise, il commence à vider ses poches sur le bureau, y entassant étui à lunettes, agenda, tabatière et foulard.

« Mais, monsieur de Corbière, vous videz vos poches ? constate le roi, ahuri.

— Sire, Votre Majesté aimerait-elle mieux que je les emplisse ? »

PARIS-GAND

Lorsque Napoléon rentre de l'île d'Elbe et restaure son pouvoir le 20 mars 1815, Louis XVIII prend ses jambes à son cou. Quelques jours plus tôt, devant la Chambre des députés, il a pourtant tenu ce discours bravache: «Pourrais-je, à soixante ans, mieux terminer ma carrière qu'en mourant pour sa défense? Quoi qu'il arrive, je ne quitterai pas mon fauteuil. La victime sera plus grande que le bourreau.» C'était compter sans les ralliements massifs à l'Empereur Le 30 mars, le roi déchu trouve asile à Gand (en Flandre belge).

C'est pourquoi, quand Louis XVIII est de retour dans la capitale après la défaite de Napoléon à Waterloo, il espère que cet épisode humiliant de l'exil sera définitivement relégué aux oubliettes du passé. Mais c'est un vœu pieux, comme se chargera de le lui rappeler Talleyrand. Le roi reproche à ce dernier en 1823 de s'être opposé à l'envoi de troupes en Espagne (pour rétablir sur le trône Ferdinand VII, qu'une révolte populaire a renversé): il lui signifie qu'il est devenu *persona non grata*, et qu'il peut quitter Paris pour rejoindre son château de Valençay, près de Vierzon. Pour remuer le couteau dans la plaie, le monarque ajoute: «Ah!... mais dites-moi, combien y a-t-il de Paris à Valençay?» Talleyrand persifle:

> «*Sire, il y a quatorze lieues de plus que de Paris à Gand.*»

CE N'EST QU'UNE PREMIÈRE

Les funérailles de Louis XVIII n'eurent pas la sobriété de celles de ses aïeux Louis XIV et Louis XV. Les chambres votèrent des crédits exceptionnels pour marquer l'événement. Le 23 septembre 1824, un cortège long de 2,4 kilomètres s'ébranla du palais des Tuileries au son des canons et des cloches parisiennes. Il devait rejoindre la nécropole des rois de France à Saint-Denis.

Le cercueil fut transporté sur une majestueuse berline métamorphosée pour l'occasion en corbillard. Elle avait déjà servi pour l'enterrement du maréchal Lannes, tué à Essling en 1809, et celui du duc de Berry, assassiné par un bonapartiste en 1820. On l'embellit encore en 1824, avec un attelage de huit chevaux caparaçonnés de velours noir.

Tout était mis en œuvre pour une cérémonie de la plus belle facture. L'office de Saint-Denis fut hélas entaché par un léger cafouillage entre deux prélats. Mais le maître de cérémonie, M. de Dreux-Brézé, qui vint en rendre compte le lendemain au nouveau roi Charles X, se voulut conciliant :

> «*Sire, il est vrai qu'il y a eu quelques inexactitudes ; mais que Votre Majesté se rassure, la prochaine fois, ce sera bien mieux.*»

UNE SACRÉE CARRIÈRE

Rien ne pourra entamer la gaieté à toute épreuve du chansonnier Marc-Antoine Désaugiers, à qui nous devons le célébrissime *Bon voyage, monsieur Dumollet*. Il est atteint de la maladie de la pierre, une pathologie rénale très grave. Pourtant, il préfère en rire. « Comment se fait-il qu'on me jette la pierre à moi qui n'ai jamais fait de mal à personne ? » aime-t-il à répéter. Il se compose même une épitaphe dans la même veine :

Ci-gît, hélas ! sous cette pierre,
Un bon vivant mort de la pierre ;
Passant, que tu sois Paul ou Pierre,
Ne va pas lui jeter la pierre.

Le lendemain de l'opération qui malheureusement ne lui évitera pas l'issue fatale, il écrit à un ami ce dernier calembour :

« *Je suis à la fin de ma carrière.* »

JE DORS, DONC JE SUIS

La Comédie-Française est aujourd'hui le seul théâtre d'État en France. Sa devise : *Simul et singulis* (« Être ensemble et rester soi-même »).

Lorsqu'il la fonde en 1680, Louis XIV entend fusionner les deux troupes parisiennes, celle de l'hôtel de Bourgogne et celle de l'hôtel de Guénégaud, afin de « rendre les représentations des comédies plus parfaites ». Les « Comédiens du roy », comme on les appelle d'abord, reçoivent le privilège de jouer dans la capitale. Mais, au siècle suivant, les comédiens italiens leur font concurrence. On se met à nommer leur théâtre la Comédie-Française. Disparue un temps sous la Révolution, elle renaît sous Napoléon, qui lui donne ses statuts actuels.

Les auteurs qui veulent intégrer le registre doivent soumettre leur œuvre à un jury qui comporte surtout les sociétaires. Un jour, un poète proteste auprès de l'un d'eux, Joseph Samson (1793-1871), qui s'est prononcé contre l'adoption de sa pièce alors qu'il s'était endormi pendant la présentation. La réponse est sans appel :

> « *Mais, monsieur, en littérature, le sommeil est une opinion.* »

MARIN D'EAU DOUCE

Le ministre de la Marine du gouvernement de Polignac en 1829, Charles Lemercier de Longpré (1778-1854), baron d'Haussez, s'illustre dans les prémisses de l'expédition d'Alger, qui prélude à la colonisation française en Afrique du Nord. En 1827, le bey, pour une affaire de prêts non remboursés par la France, avait souffleté le consul Deval avec son chasse-mouches. L'affaire est montée en épingle et le baron d'Haussez exige que l'affront soit lavé par les armes. L'Angleterre s'y oppose et le fait savoir par son ambassadeur, mais le baron d'Haussez ne s'embarrasse pas pour si peu: «Si vous désirez une réponse diplomatique, M. le président du Conseil vous la fera. Pour moi, je vous dirai, sauf le langage officiel, que nous nous foutons de vous.» Et d'armer une flotte suffisante en vue d'un débarquement et d'une conquête. Le 5 juillet 1830, Alger tombe, offerte, pour la plus grande gloire du roi Charles X.

Si étonnant que cela puisse paraître, le ministre n'était absolument pas un marin averti. Avant d'être nommé au portefeuille de la Marine, il était préfet. Et pour se moquer de lui, la devinette suivante circulait:

> «*Savez-vous pourquoi M. d'Haussez prend un bain de pieds tous les matins? C'est pour s'habituer à l'eau.*»

LA PETITE SŒUR

Lors des journées des 27, 28 et 29 juillet 1830, les fameuses Trois Glorieuses, le peuple se soulève contre le régime sclérosé de Charles X. Ses dernières ordonnances, qui organisent notamment le musellement de la presse, ont fait éclater un ressentiment populaire qui couvait sous la cendre.

Comme à chaque secousse révolutionnaire, Paris se couvre de barricades. Les troupes du maréchal Marmontel ne peuvent se déployer dans des rues étroites et encombrées. Et quand elles y pénètrent, elles sont accueillies par des volées de tuiles et de moellons jetés depuis les toits et les fenêtres ! Le 29, les soldats doivent se replier à Saint-Cloud. Charles X s'enfuit, le duc d'Orléans et de Chartres, Louis-Philippe, en profite pour s'emparer de la victoire du peuple et devient le « roi des Français ».

Sur les barricades de la place du Carrousel, un groupe d'insurgés s'époumone : « Vive le duc de Chartes [*sic*] ! » Un autre groupe, voisin du premier, s'égosille : « Vive la Charte ! » en référence au texte constitutionnel de 1814, violé par Charles X. Un homme se détache du premier groupe pour s'enquérir auprès du second :

« Pourquoi que vous ne criez pas comme nous pour Chartes ?

— Que t'es bête ! C'est-il pas la même chose ?
La Charte, c'est sa sœur ! »

SOURD À L'INDIFFÉRENCE

Né dans une famille de laboureurs, Pierre-Paul Royer-Collard (1763-1845) devient, après de brillantes études, avocat au parlement de Paris. Fuyant les excès de la Révolution, il ne revient dans la capitale qu'en des temps plus apaisés pour dispenser à la Sorbonne des cours d'histoire et de philosophie.

En 1815, ce partisan d'une monarchie constitutionnelle salue le retour des Bourbons au pouvoir. Mais, rapidement, il déchante, les réformes libérales se faisant attendre. Sous Charles X, il est élu président de la Chambre des députés et c'est lui qui remet au roi la fameuse «Adresse des 221» dans laquelle les parlementaires réclament un assouplissement du régime.

Rallié à Louis-Philippe, il s'éloigne peu à peu de la vie politique. Il lui préfère les travaux de l'Académie française, où il est élu en 1827, et participe à la rédaction du dictionnaire en 1835. On connaît sa fameuse réaction quand il a été question d'introduire le sens figuré du verbe «baser»: «S'il entre, je sors!»

Atteint de surdité, Royer-Collard se fait discret. Ce qui inspire à Virginie Ancelot, dont le salon littéraire parisien est fort réputé, ces mots justifiant son infirmité:

> «*C'est sans doute depuis qu'on ne parle plus de lui.*»

SUPPLICE DE LA MESSE

En 1744, le roi Louis XV, gravement malade, est à ce point moribond qu'il promet de reconstruire, s'il en réchappe, la basilique des Saints-Apôtres, commandée par Clovis sur la montagne Sainte-Geneviève. Vingt ans plus tard, l'architecte Jacques Soufflot pose la première pierre du nouvel édifice.

Lorsque la Révolution éclate et que Mirabeau décède en 1791, on décide de transformer le bâtiment tout juste achevé en temple dédié aux grands hommes de la République : le Panthéon est né. Deux philosophes des Lumières, Voltaire et Rousseau, y sont alors inhumés. Mais le retour des Bourbons au pouvoir en 1815 menace bientôt la vocation funéraire du monument. Si Napoléon avait déjà réaffecté un espace au culte, Louis XVIII décide en 1821 de refaire de l'édifice une église à part entière.

Le ministre des Cultes reçoit alors le nouveau curé pour lui demander de retirer de la crypte les cendres des deux philosophes. Le prélat plaisante :

> « *Laissez-les donc ; en entendant dire la messe au-dessus d'eux, ça les fera enrager.* »

GROS VENT

En 1824, Antoine-Jean Gros (1771-1835) achève la décoration de la coupole du Panthéon, redevenu sous les Bourbons un lieu de culte dédié à la patronne des Parisiens, sainte Geneviève.

Il a débuté son travail sous Napoléon Ier en 1812. Il avait alors assis sa réputation en immortalisant les exploits militaires de son protecteur. Ses *Pestiférés de Jaffa*, notamment, admirés au Salon de 1804, faisaient l'unanimité.

Le voilà de nouveau sous les feux d'une critique dithyrambique avec *L'Apothéose de sainte Geneviève* illuminant le Panthéon. C'est un concert de louanges, auquel cependant ne se joint pas la voix discordante du confrère de Gros, Carle Vernet. Ce dernier a également acquis ses lettres de noblesse dans les toiles militaires. Au Salon de 1808, son *Matin d'Austerlitz* lui a valu les félicitations de l'impératrice Joséphine : « Il est des hommes qui traînent un nom, vous, monsieur Vernet, vous portez le vôtre. » Mais sa spécialité, c'est la représentation des chevaux. Gros, son concurrent, ne s'est pas privé de les critiquer : « Un de mes chevaux en mangerait six des siens. »

C'est l'heure de la revanche, bon enfant semble-t-il. Jaugeant la coupole du Panthéon, Carle commente, goguenard :

« *C'est plus gros que nature.* »

DÉPUTÉ AÉRIEN

Lorsqu'en 1848 le suffrage universel masculin est enfin instauré, Alphonse de Lamartine (1790-1869) s'enthousiasme : « On voyait les citoyens riches et pauvres [...] sortir un à un du seuil de leurs maisons, le recueillement et la sérénité sur leurs visages, porter leurs suffrages écrits au scrutin [...], les déposer dans l'urne et revenir avec la satisfaction peinte sur les traits comme d'une pieuse cérémonie. »

Pourtant, le grand poète romantique, auteur des *Méditations poétiques*, n'a pas toujours été un homme attaché aux idées libérales. D'abord monarchiste légitimiste, il évolue progressivement vers la défense des réformes sociales et politiques. Désavouant le régime de Louis-Philippe, il se présente plusieurs fois en opposant à la législature, avant d'être élu dans le Nord en 1833.

Quand, à la Chambre, il revendique le parti social, on lui répond que « le parti social n'a point de banc dans cette Assemblée ».

« *Eh bien !* clame-t-il. *Je siégerai au plafond.* »

RÉGIME SEC

Au milieu du XIXe siècle, Alphonse Karr (1808-1890) inonde la société de ses écrits caustiques, d'une vivacité douce-amère.

Il aime se rendre à Étretat, qu'il choisit d'ailleurs comme cadre pour son roman *Histoire de Romain d'Étretat.* Quand il y entend parler d'un pêcheur qui a essayé d'attenter plusieurs fois à ses jours, il laisse échapper ce commentaire :

« *Tout pécheur qui se repend est sûr d'être sauvé.* »

C'est surtout en tant que journaliste qu'il se rend célèbre. Travaillant d'abord au *Figaro*, il fonde ensuite une revue satirique, *Les Guêpes*, dont les articles, véritables traits acérés, prennent pour cibles privilégiées les célébrités et les politiciens. « Tant de gens échangent volontiers l'honneur contre les honneurs », se plaît-il à répéter.

Dans un numéro de 1840, Karr dénonce les amusements des députés pendant les débats. Ils feraient circuler des devinettes sur des petits papiers… Par exemple, celle-ci : « Quels sont les trois départements qui ne mettent pas de beurre dans leur cuisine ? » La question passe de mains en mains, et chacun se creuse les méninges pour y répondre. La solution ?

« *Aisne - Aube - Eure.* »

POLONAIS CRUCIFIÉS

L'indépendance du grand-duché de Varsovie, négociée par l'empereur Napoléon Ier à la paix de Tilsit en 1807, ne confère aux Polonais qu'une éphémère liberté. Dès 1815 et pendant près d'un siècle, la souveraineté du tsar est rétablie sur le territoire. Certes, une Constitution libérale leur est concédée. Mais, sous le tsar Nicolas Ier, une violente insurrection éclate en novembre 1830. Un temps repoussées, les troupes russes reprennent rapidement Varsovie ; la Constitution est abrogée et le joug étranger se fait plus lourdement sentir.

Nicolas Ier souhaite immortaliser cette victoire par une peinture. Grand admirateur de l'artiste français Horace Vernet (1789-1863), fils et petit-fils de peintres célèbres, qui avait déjà réalisé son portrait et une revue de la Garde impériale, le tsar aimerait solliciter à nouveau ses talents pour cette commémoration. Seulement, il craint sa réaction : cette fois, il s'agira de représenter la liberté vaincue et le peintre, libéral, serait bien capable de refuser.

Mais, à la surprise de Nicolas Ier, Horace accepte la commande. Non sans accompagner son accord d'un trait corrosif :

> «*N'ai-je pas peint plusieurs fois, dans ma vie,*
> *le Christ attaché à la croix?*»

TENIR LE BON BOUT

Élu premier président de la République en décembre 1848 avec une confortable avance, Louis-Napoléon Bonaparte compte bien marcher dans les pas de son oncle illustre et installer durablement son pouvoir. Le hic : la Constitution ne l'autorise pas à briguer un second mandat. Il tente bien d'en obtenir une révision en juillet 1851, mais les parlementaires se méfient de ses ambitions et s'y opposent. L'ambitieux intrigant, déjà auteur de deux coups d'État manqués sous Louis-Philippe, prépare un troisième complot, qui aboutira cette fois. La date a été fixée au 2 décembre, date anniversaire de la bataille d'Austerlitz.

La veille au soir, le duc de Morny, son demi-frère et l'un des principaux conjurés, se rend à l'Opéra-Comique pour la première représentation du *Château de Barbe-Bleue*. Il vient saluer dans sa loge Mme Liadières qui lui fait part des rumeurs de la journée : « On annonce que le président va balayer la Chambre. Que comptez-vous faire, M. de Morny ? » Ce dernier répond avec malice :

> « *Madame, s'il y a un coup de balai, je tâcherai de me mettre du côté du manche.* »

MOURIR POUR DES IDÉES

Lorsque Louis-Napoléon renverse la deuxième République par son coup d'État du 2 décembre 1851, une soixantaine de députés seulement refusent de se résigner et descendent dans les rues pour défendre la Constitution. Parmi eux, les deux Victor, Hugo et Schœlcher (à l'origine de la loi qui abolit l'esclavage), mais aussi l'élu de l'Ain, Jean-Baptiste Baudin (1811-1851).

Réunis au faubourg Saint-Antoine, ces républicains tentent de mobiliser la foule des Parisiens et les enjoignent de rallier les premières barricades. Ayant confectionné rapidement des cocardes, ils haranguent les badauds. Mais la tâche s'annonce ardue : depuis qu'ils ont été écrasés par les forces de l'ordre à la suite de leurs manifestations en juin 1848 (onze mille arrestations !), les ouvriers ne croient plus en leurs politiciens. Et l'un d'eux le fait savoir : « Croyez-vous que nous voulons nous faire tuer pour vous conserver vos vingt-cinq francs par jour ? » Vingt-cinq francs, le montant de l'indemnité parlementaire. Juché sur une barricade, Baudin répond par les actes :

> « *Restez là, mon ami, vous allez voir comment on meurt pour vingt-cinq francs !* »

À peine a-t-il achevé sa phrase qu'il tombe, transpercé de balles.

FAUSSE JOIE

Alexandre Dumas fils (1824-1895), l'auteur de *La Dame aux camélias*, ne partage avec son géniteur que le succès littéraire. Pour le reste, tout les sépare : vie dissolue pour l'aîné, existence rangée pour l'autre. Imagination débordante dans les ouvrages du père, réalisme social et psychologique pour ceux du fils. Dans ses écrits, ce dernier traite de la difficile condition des enfants naturels et des mères abandonnées à leur triste sort. Il faut dire qu'il a souffert de la reconnaissance tardive de son père, qui avait folâtré avec une voisine de palier.

Dumas fils ne manquait pourtant pas d'humour. Un jour qu'il est invité chez un médecin célèbre de l'époque, le docteur Gistal, l'amphitryon lui demande au moment du café d'improviser en son honneur un quatrain. L'auteur se met à griffonner ces quelques vers :

Depuis que le docteur Gistal
Soigne des familles entières
On a démoli l'hôpital...

Son destinataire s'enthousiasme déjà, lançant un « Flatteur ! » reconnaissant et satisfait. La suite le ramène à une dure réalité :

Et l'on a fait deux cimetières.

MATCH NUL

Le compositeur Gioacchino Rossini (1792-1868) a vécu une grande partie de son existence en France, et y laissa son empreinte indélébile. Auteur d'une quarantaine d'opéras, dont le célèbre *Barbier de Séville*, il privilégiait la volupté du chant sur sa puissance (le *bel canto*).

Grand amateur de gastronomie (a-t-il inspiré le «tournedos Rossini» au foie gras?), il aimait recevoir dans son appartement de la Chaussée d'Antin, où musiciens et cantatrices venaient en nombre quémander ses conseils avisés. Mais gare à ceux qu'il n'estimait pas!

Un jour, il dédicace des portraits et porte sur celui destiné à un certain Pillet-Will: «À M. Pillet-Will, mon ami et mon égal en musique.» Son interlocuteur protestant du sérieux d'un tel hommage, l'Italien se fend de ces mots un brin malicieux: «Mais oui, il est mon égal, puisque je ne fais plus rien.» Une autre fois, il se met à jouer du Wagner au piano en produisant d'horribles sons cacophoniques: on lui fait obligeamment remarquer qu'il tient sa partition à l'envers.

«J'ai essayé en la mettant dans l'autre sens: c'était pire!»

PEINTRE EN BÂTIMENT

Chef de file du courant romantique, le peintre Eugène Delacroix (1798-1863) est surtout connu pour son chef-d'œuvre allégorique, *La Liberté guidant le peuple*, hommage appuyé aux insurgés des Trois Glorieuses en juillet 1830. Mais son succès et sa popularité remontent au Salon de 1822, alors qu'il expose *La Barque de Dante ou Dante et Virgile aux Enfers*, une œuvre torturée à l'audace chromatique certaine. Les tenants du classicisme sont choqués, les autres s'enthousiasment. À tel point que, sous Louis-Philippe, il reçoit plusieurs commandes pour décorer le palais Bourbon et le palais du Luxembourg.

Un jour, un de ses amis venu lui rendre visite chez lui est interpellé par le concierge, à qui le nom de Delacroix n'évoque rien.

« Qu'est-ce qu'il fait, ce monsieur-là ? demande-t-il.

— C'est un peintre.

> — *Nous n'avons pas d'ouvriers dans la maison* »,
> réplique, péremptoire, le cerbère.

Delacroix, peintre en bâtiment…

CHAMPAGNE !

En 1854, Mlle Rachel brille sur les planches du théâtre Michel de Saint-Pétersbourg. La grande tragédienne, de son vrai nom Rachel Félix (1821-1858), remporte en Russie le même franc succès que dans sa France natale.

Pourtant, les relations entre les deux États ne sont pas au beau fixe. Napoléon III et Nicolas Ier s'affrontent sur la question de la protection des lieux saints. Le tsar, lorgnant en outre sur les détroits reliant la mer Noire à la Méditerranée, espère le soutien anglais mais la reine Victoria préfère contenir les ambitions maritimes russes. Nicolas Ier attaque donc seul la Turquie, provoquant l'envoi de troupes franco-britanniques contre lui. La guerre de Crimée est en marche.

La situation de Mlle Rachel en territoire « ennemi » n'est donc pas des plus confortables. Lors d'une réception, d'imprudents locaux jouent les bravaches : « Bientôt, nous irons à Paris boire du bon vin de Champagne ! » fanfaronnent-ils. La réponse est tranchante :

> « *Du vin de Champagne, messieurs !*
> *Mais, pardon ! Nous n'en donnons pas*
> *à nos prisonniers !* »

RAT D'OPÉRA

Les spectateurs de l'Opéra de Paris s'enthousiasment en ce début d'années 1860 pour la frêle ballerine Emma Livry (1841-1863). Elle « frôle le sol sans le toucher, elle s'envole comme une plume et retombe comme un flocon de neige », écrit un critique émerveillé dans *Le Papillon*.

Malheureusement, Emma n'est qu'une étoile filante. Le 15 novembre 1862, elle répète son rôle de *La Muette de Portici*. Une rampe à gaz éclaire la scène ; chacun en connaît les dangers et on demande aux danseuses de s'enduire d'un liquide ininflammable pour éviter les accidents. Mais Emma n'a pas voulu risquer de jaunir son tutu en utilisant ce produit. Un mouvement la rapproche trop près de la lampe et elle se transforme en torche vivante. Elle court affolée, jusqu'à ce qu'un pompier parvienne à étouffer les flammes en jetant sur la jeune femme une couverture mouillée. Les brûlures sont trop graves : elle décède de ses blessures infectées quelques mois plus tard.

On ne la disait pas très belle. Et surtout, cette sylphide squelettique ne correspondait pas aux canons de beauté d'une époque qui préférait les rondeurs. On s'amusait d'ailleurs à la comparer à son père putatif, le comte de Chassiron, aux formes généreuses. Et on disait :

> « *Comment un rat si maigre peut-il provenir d'un chat si rond ?* »

EXCÈS DE COQUETTERIE

Eugénie Foa (1796-1852) peut être considérée comme une des pionnières de la littérature pour la jeunesse. Ses contes et nouvelles sont réimprimés plusieurs fois dans la seconde moitié du XIXe siècle. Le journaliste Henri de Latouche explique son succès par la candeur et la naïveté de ses écrits : « Elle me fait l'effet d'un abricotier qui porte ses abricots sans s'en douter. » On raconte qu'Eugénie inventait déjà des histoires dans son lit d'enfant : « Je me conte des contes pour m'endormir », expliquait-elle à sa mère.

Elle se mit à l'écriture à la suite d'un mariage malheureux avec le négociant marseillais Joseph Foa. Née dans une famille juive d'origine portugaise, installée dans le Bordelais en 1492 après avoir été chassée par les rois d'Espagne, elle mourut dans la religion chrétienne.

Vers la fin de sa vie, elle s'entretient avec son directeur de conscience :

« Est-ce un péché, mon père, que de prendre du plaisir à entendre dire que je suis jolie ?

— Certainement, mon enfant, car il ne faut jamais encourager le mensonge. »

TÊTES DE VEAU

Au milieu du XIXe siècle, le réseau ferroviaire français ne dépasse pas encore les deux mille kilomètres. Pourtant, l'essor économique qu'il laisse entrevoir contribue à son inéluctable développement. Dès 1842, le directeur général des Ponts et Chaussées, Baptiste Alexis Victor Legrand, a dessiné la forme en étoile de l'actuel réseau ; de Paris doivent rayonner les cinq grandes lignes vers Lille, Bordeaux-Hendaye, Le Havre, Lyon-Marseille et Strasbourg.

C'est justement de cette dernière ville qu'a été inaugurée la première ligne internationale la reliant à la cité suisse de Bâle. Sous le Second Empire, les liaisons avec nos voisins helvètes se densifient. En 1857, c'est au tour de Besançon d'être connecté au canton de Vaud. Une cérémonie officielle réunit pour l'occasion les magistrats des deux pays.

César Convers, le maire bisontin, rappelle à l'avoyer de Vaud, accompagné de deux échevins, leurs relations ancestrales : « Mêmes habitudes laborieuses, mêmes allures, même extérieur. » Il enlève alors son chapeau, pointe du doigt un crâne dégarni et montre en même temps celui de ses deux conseillers :

> *« Et tenez ! Nous voici trois Francs-Comtois : n'avons-nous pas trois têtes de Vaud ? »*

VOL... SANS AILES

Le retour de Napoléon Ier depuis l'île d'Elbe a entretenu longtemps la légende de l'Empereur. Du golfe Juan où il débarque le 1er mars 1815 jusqu'à sa reconquête de la capitale, sa glorieuse traversée du territoire a été baptisée le « vol de l'Aigle ».

Son neveu, Napoléon III, va connaître le sien quand il décide de confisquer les biens de la famille d'Orléans (dont Louis-Philippe est le représentant malheureux) en janvier 1852. Certes, il les redistribue à des œuvres sociales (il fait construire des logements ouvriers à La Chapelle, aux Batignolles et à Saint-Denis, par exemple), mais la mesure, qui porte atteinte au droit de propriété, passe mal. Le duc de Morny démissionne du gouvernement et Alexandre Dumas compose un quatrain à propos :

Dans leurs fastes impériales
L'oncle et le neveu sont égaux:
L'oncle prenait des capitales
Le neveu prend nos capitaux.

Quant à notre malicieux Dupin, il n'en perd pas une pour ressusciter le passé :

« *C'est le premier vol de l'Aigle.* »

CONFESSIONS INTIMES

Il n'est pas très étonnant que, avec une épouse aussi pudibonde que la sienne, le bouillonnant Napoléon III soit allé se consoler dans des bras plus accueillants – ses «petites distractions», comme il les appelait. Mais il ne sut jamais cultiver la discrétion et ses incartades étaient de notoriété publique. Cela lui valut bien sûr les foudres de l'impératrice Eugénie, qui jurait alors dans sa langue maternelle espagnole.

À l'été 1863, alors que le couple impérial se promenait dans la station thermale de Vichy, un petit chien semble reconnaître Louis-Napoléon. Rien de plus logique puisqu'il s'agit de l'animal de compagnie de sa maîtresse, l'actrice Marguerite Bellanger, dite Margot la rigoleuse. Soupçonneuse, Eugénie se renseigne, découvre le pot aux roses et insulte copieusement sa rivale qu'elle nomme «l'excrément de la terre».

De retour dans la capitale, l'empereur rend visite à la Bellanger dans son hôtel parisien plus que de raison, à tel point qu'il en fait un léger malaise cardiaque. Toujours à l'affût de telles informations croustillantes, les mauvaises langues s'en donnent à cœur joie:

> «*L'empereur est bien malade, car il a toujours près de lui l'abbé Langer.*»

LA BIBLE SELON DUPIN

C'est au banc des avocats qu'André Dupin (1783-1865) affûta sa redoutable rhétorique. Dès la fin du règne de Charles X, celui qui avait notamment assuré la défense du maréchal Ney est régulièrement élu à l'Assemblée, d'abord dans le camp libéral. Il fait partie de la députation qui offre le pouvoir à Louis-Philippe en 1830. Il défend alors à la tribune le nouveau régime avec une « éloquence brutale, commune, mordante, pleine de boutades », selon le *Dictionnaire des parlementaires.*

De 1832 à 1839, il occupe le poste de président de la Chambre et orchestre les interventions de ses collègues députés. L'un d'eux, un certain Hippolyte Abraham-Dubois, élu de la Manche – et que le caricaturiste Honoré Daumier a représenté « Gros, gras et... satisfait » –, est ennuyeux à mourir. Dupin parvient à le faire taire, mais l'intervenant suivant, Gabriel de Lacroix, député des Pyrénées-Orientales, enchaîne sur une tonalité tout identique. Le président, excédé, se lâche :

> « *Je n'ai obtenu le sacrifice d'Abraham*
> *que pour subir le supplice de la croix...* »

VALET D'ÉCRITURE

En 1845, le journaliste Eugène de Mirecourt publie un ouvrage détonant qui, sous le titre de *Fabrique de romans : maison Alexandre Dumas et Cie*, accuse Dumas père de recourir aux services d'un « nègre ». Ce terme, emprunté au vocabulaire de l'esclavage, est neuf dans la littérature ; il désigne un écrivain travaillant anonymement pour le compte d'un autre.

Si Mirecourt est condamné par la justice, la situation qu'il dénonce est loin de n'être que le simple fait de son imagination jalouse. Dumas travaille bien avec Auguste Maquet et certains passages de ses plus célèbres romans (*Les Trois Mousquetaires*, *Le Vicomte de Bragelonne…*) sont intégralement de la plume de ce dernier. Disons, pour faire court, que Maquet rédigeait un avant-projet, fruit de ses recherches historiques, et qu'Alexandre le remodelait de son style romanesque inimitable.

Dumas doit alors essuyer des questions ou des propos désobligeants. Ainsi, on lui demande un jour si son dernier roman est bien de lui. À question sotte, réponse acide :

> « *Hélas, oui ! J'employais mon valet de chambre à cette besogne, mais le drôle, étourdi par ses succès, m'a demandé de tels gages que je me suis vu forcé de travailler pour lui.* »

DUC D'AQUE

Lorsque Georges Haussmann (1809-1891) devient préfet de la Seine en 1853, Paris n'est qu'un labyrinthe de rues étroites, sombres, glauques. De terribles épidémies y font régulièrement des ravages, comme celle de choléra en 1832. Sollicité par Napoléon III, Haussmann s'attelle à un vaste programme d'urbanisme, dont la cité actuelle est encore le reflet.

Centre-ville éventré pour laisser place à de larges avenues, bordées d'arbres et de trottoirs, nouveaux immeubles réservés à la bourgeoisie, remisant les ouvriers dans la banlieue, annexion de nombreuses communes, aménagement de vastes jardins et parcs, éclairage des rues aux becs de gaz… C'est tout cela, le Paris haussmannien. Mais, il ne faut pas négliger les travaux d'adduction d'eau qui ont permis d'en assainir la consommation et de nettoyer plus efficacement les rues. La plus belle réalisation est indéniablement l'aqueduc de la Dhuys, une rivière venue de Picardie.

Un flatteur voulut d'ailleurs qu'on décerne au « baron » Haussmann un titre de noblesse pour son bel ouvrage. Il proposa qu'on le fît « duc de la Dhuys », justement. Le préfet répondit avec espièglerie :

« *Eh bien ! Qu'on me nomme aque-duc !* »

SURPRIS D'ÉTONNEMENT

À défaut d'avoir poursuivi ses études de médecine, pour cause de moyens financiers limités, Émile Littré (1801-1881) a gratifié la langue française d'un des dictionnaires les plus aboutis qui soient, *Le Dictionnaire de la langue française*. Puisant surtout sa moelle dans la littérature des XVIIe et XVIIIe siècles, celui qui est communément appelé *Le Littré* constitue une étude à la fois étymologique, grammaticale et historique des mots, que son auteur appelait « la monnaie de l'esprit ».

Travailleur infatigable, Littré sua sang et eau sur son œuvre majeure, fruit de longues années de labeur, entre 1847 et 1865. Lorsque, en août 1870, il met à l'abri des bombardements prussiens le fruit de ses travaux, pas encore imprimé, ce ne sont pas moins de huit caisses de bois blanc qu'il doit évacuer de sa maison de campagne de Mesnil-le-Roi aux caves de son éditeur Hachette à Paris. Soit au total 415 636 feuillets noircis !

Le moins que l'on puisse dire, c'est qu'il était très pointilleux sur l'usage du mot juste… même dans les situations les plus délicates. Un jour qu'il honore la domestique – s'il travaillait beaucoup, il n'en oubliait pas moins les plaisirs charnels –, son épouse le découvre en fâcheuse posture : « Ah ! monsieur, je suis surprise ! »

Il a cette repartie tout à fait surréaliste :

> « *Non, madame, vous êtes étonnée.*
> *C'est nous qui sommes surpris.* »

L'IDIOT DE LA RÉPUBLIQUE

La carrière de Mac Mahon (1808-1893) fit plus d'étincelles sur les champs de bataille que dans l'arène politique. Ses exploits lors de la guerre de Crimée sont connus : s'emparant des hauteurs de Malakoff, ce qui permit ensuite la prise de Sébastopol en 1854, il fit preuve d'une détermination devenue légendaire. Quand on l'avertit que la place était minée, il répondit par le fameux : « J'y suis, j'y reste. »

Il aurait peut-être mieux fait d'y rester définitivement… Car, devenu président de la République en 1873, il se révèle piètre orateur, multipliant les bévues. En 1875, par exemple, lors d'une visite à Moissac où la crue du Tarn a provoqué de graves inondations, il ne sait qu'improviser et se limite à des propos insipides :

> « *Que d'eau ! Que d'eau ! Et encore : on n'en voit que la surface !* »

Plus tard, alors qu'il passe en revue les élèves de l'École navale dont l'un des plus brillants est d'origine guadeloupéenne, il s'arrête devant ce dernier :

> « *Ah, c'est vous le nègre ? Très bien, continuez !* »

Mais la sortie la plus désopilante reste à venir :

> « *La fièvre typhoïde est une maladie terrible*, explique Mac Mahon. *Ou on en meurt ou on en reste idiot. Et je sais de quoi je parle, je l'ai eue.* »

MALENTENDU

À bien des égards, on peut comparer le premier président de la troisième République Adolphe Thiers à Talleyrand, son protecteur depuis leur rencontre dans un salon en 1823. Même ambition, même rhétorique subtile et même amour de l'argent.

Thiers n'en imposait pas vraiment par le physique : on le surnommait «foutriquet» pour son manque de prestance. Il était de petite taille, un mètre cinquante-cinq ! Mais que vaut ce léger inconvénient quand on manie parfaitement les mots ?

L'éloquence de Thiers fut pourtant brocardée une fois à la tribune de l'Assemblée. La séance est alors particulièrement mouvementée et les députés ne s'entendent plus parler : «Je crois, messieurs, qu'il existe, dans la Chambre, à cette heure, un petit malentendu… », tente d'intervenir notre orateur. Le président et inénarrable André Dupin, à la langue toujours bien pendue, le foudroie par ces mots :

> «*Le petit malentendu, c'est vous, monsieur Thiers: montez donc à la tribune, et surtout parlez plus haut.*»

L'INCORRUPTIBLE

Marietta Alboni (1826-1894), élève de Rossini au lycée musical de Bologne, était une talentueuse contralto, triomphant dans toutes les villes européennes. C'est elle qui, en l'église de la Sainte-Trinité à Paris, émut tous ceux qui étaient venus assister aux funérailles de son ancien professeur, disparu en 1868. Quatre ans plus tard, bien qu'à la retraite, on la voyait toujours dans les concerts de bienfaisance. Cette généreuse cantatrice léguera d'ailleurs presque toute sa fortune aux pauvres: «Je quitterai la vie avec cette douce pensée d'en avoir disposé pour encourager et consoler.»

Elle ne fut pourtant pas épargnée par certains critiques. D'ailleurs, son époux, le comte Pepoli, payait l'un d'eux, particulièrement acerbe, pour atténuer l'acidité de sa plume. Marietta l'ignora jusqu'au jour où un commis se présenta chez eux pour remettre la quittance au comte alors qu'il était absent. La réaction de la cantatrice, mortifiée, fut cinglante:

> «*Dites à votre maître que je ne chante pas hors du théâtre.*»

COMMENT SÉDUIRE LES HOMMES

Marcel Proust, dans *À la recherche du temps perdu*, la classe parmi les meilleures comédiennes du Second Empire. Madeleine Brohan (1833-1900), dernier chaînon d'une longue dynastie d'acteurs, triompha sur les planches de la Comédie-Française, après avoir obtenu en 1850 le premier prix au Conservatoire. Elle brilla aussi au Théâtre impérial de Saint-Pétersbourg où elle s'était réfugiée pour échapper à un mari brutal.

Elle était adulée. Un admirateur fit preuve un jour d'un trop grand empressement et se vit rabrouer en ces termes : « Vous faites erreur, monsieur, je suis une femme honnête. » Puis, constatant que son interlocuteur était fort bel homme : « Croyez d'ailleurs que je le regrette infiniment. »

Retirée de la scène dès 1885, elle vécut la fin de sa vie dans la gêne financière. Elle logeait au quatrième étage d'un immeuble de la rue de Rivoli, au grand désarroi de ses visiteurs, qui avaient à grimper un escalier fort raide... Aux plaintes d'un de ces derniers, parvenu à bout de souffle au terme de son ascension, elle répond avec malice :

> « *Que voulez-vous, mon cher, à mon âge,*
> *c'est le seul moyen qui me reste encore de faire*
> *battre les cœurs.* »

HISTOIRE COCHONNE

Comme Claude Bernard auquel il succède au prestigieux Collège de France, Charles-Édouard Brown-Séquard (1817-1894) est l'un des pionniers de la médecine expérimentale. Le moins que l'on puisse dire, c'est que ce médecin et physiologiste, initiateur de l'endocrinologie, n'hésite pas à donner de sa personne. Le lecteur en jugera par lui-même.

Non content d'essayer de redonner vie par des injections de sang à des têtes de condamnés à mort exécutés, ou encore de greffer une queue de chat sur la crête d'un coq pour étudier les tissus cellulaires, il va, lors d'une épidémie de choléra, jusqu'à ingérer des excréments de malades pour tester les vertus du laudanum. Il avale aussi des morceaux d'éponge avant de se faire vomir afin d'analyser les sucs gastriques. C'est ce qu'on appelle avoir l'esprit de sacrifice.

Vers la fin de sa vie, en 1889, Brown-Séquard constate une baisse de sa vigueur sexuelle et invente un élixir, la séquardine, à base du sang d'une douzaine de cochons d'Inde. La jugeant efficace, il la commercialise. Les moqueurs font entendre leur voix, comme le chroniqueur Aurélien Scholl:

> «*Il suffira désormais de douze cochons d'Inde*
> *pour faire un cochon de Paris.*»

FAURE POMPÉE

Depuis son élection à la présidence de la troisième République en 1895, Félix Faure a su donner à la fonction suprême un prestige qu'elle n'avait jamais vraiment eu. Renouant avec le faste de Louis XIV, il est d'ailleurs surnommé le « Président-Soleil ». Et le palais de l'Élysée n'est pas sans rappeler la splendeur du Versailles d'autrefois…

En ce jeudi 16 février 1899, il évoque malheureusement davantage les frasques royales que ses cérémonies solennelles. Après deux entretiens officiels bâclés, et pour cause, Félix Faure entre dans le Salon bleu et se jette dans les bras de sa maîtresse, Margaret Steinheil dite « Meg ». Le rendez-vous galant tourne court : le chef de l'État, en fâcheuse posture, est victime d'un malaise et perd connaissance. Pour éviter le scandale, Meg s'éclipse par une porte dérobée. Son amant décédera peu après.

Très vite, les rumeurs enflent et le secret qu'on aurait aimé garder s'étale en pleine lumière dans les gros titres de la presse. Le président est accusé d'« avoir trop sacrifié à Vénus ». Clemenceau lui fait cette sarcastique oraison funèbre :

« *Il voulait être César, il ne fut que Pompée.* »

VERT !

Avant d'être président du Conseil à la charnière des années 1920 et 1930, André Tardieu (1876-1945) fut le bras droit de Clemenceau lors de la conférence de la paix qui porta un point final à la guerre de 1914-1918. Les deux hommes se brouilleront par la suite et Clemenceau, à la langue souvent venimeuse, ne se montra pas tendre à l'égard de son ancien collaborateur : « Que voulez-vous, les gens petits sont toujours plus petits qu'on ne croit. »

Si Tardieu n'était pas très populaire à cause de son caractère de cochon et d'un style trop parisien aux dires de certains, on ne peut pas dire qu'il manquait de talent et d'esprit. Brillant élève du lycée Condorcet, reçu premier au concours général puis premier à Normale sup, il avait de quoi agacer plus d'un envieux par l'étendue de ses connaissances. Un jour, le professeur Granger, voulant lui clouer le bec, lui pose cette colle : « Quelle était donc, monsieur, la couleur des cheveux d'Alexandre le Grand ? » Notre homme ne perd pas son assurance :

> «*Ils étaient verts, monsieur, car c'étaient des lauriers !*»

VIDE EXISTENTIEL

Il est des paradoxes parfois difficiles à expliquer. Le plus grand mathématicien français de la fin du XIXe et du début du XXe siècle, Henri Poincaré (1854-1912), cousin de Raymond qui sera président de la troisième République, n'obtient son bac scientifique qu'avec la mention « Assez bien ». Une note a plombé sa moyenne, un zéro en… maths !

C'est pourtant dans ce domaine qu'il brillera. En 1889, ce major de promotion de Polytechnique reçoit le prix du roi Oscar, roi de Norvège et de Suède, passionné par les chiffres, qui offre chaque année 2 500 couronnes au chercheur le plus innovant. Poincaré se démarque surtout par l'étude des équations différentielles. Mais c'est un savant complet, s'intéressant aussi à la philosophie et à l'astrophysique.

Un jour qu'il prononce un discours dans cette dernière spécialité, un auditeur un peu ahuri l'interpelle par ces mots : « Mais voyons, à quoi tout cela sert-il ? » Probablement médusé, le génie répond à son interlocuteur :

> « *Et vous, monsieur, à quoi servez-vous vous-même ?* »

AMATEURS D'ART

En mars 1905, on se bouscule au palais de justice d'Amiens pour assister au procès d'un anarchiste, accusé de cent cinquante vols en quatre ans d'«activité». Cet homme, Alexandre Jacob (1879-1954), maître dans l'art du cambriolage social, ne dérobe que les nantis pour redistribuer le fruit de ses larcins aux plus pauvres. Il a inspiré l'Arsène Lupin de Maurice Leblanc.

Autodidacte, sa verve matinée d'ironie fait sensation lors de l'audience. Personne ne l'arrête, pas même le juge qui est très souvent la cible de ses traits. Quand le magistrat accuse l'un de ses complices d'être «fou par intermittence», l'accusé réplique aussitôt:

> «*J'en connais de semblables et qui sont fonctionnaires haut placés.*»

Mais sa plus malheureuse victime est le sacristain de Saint-Godard, dont Jacob avait visité l'église rouennaise. Appelé à la barre comme témoin, le sacristain évoque les vols dans un placard mais se retrouve jeté dans l'embarras par cette interpellation de l'anarchiste:

> «*Voyons, rappelez-vous, je vais vous aider...*
> *Il y avait dans ce placard des gravures d'un genre particulier. Mettons le genre Fragonard, pour employer une expression discrète...* »

Fragonard et son art du nu féminin...

APPARENCES TROMPEUSES

Armand Fallières (1841-1931), président de la troisième République de 1906 à 1913, était un bon vivant. Trop, peut-être, car les journalistes de l'époque, à la recherche du sensationnel, n'hésitaient pas à salir sa réputation, insinuant un goût immodéré pour la boisson. Les caricaturistes s'en donnaient à cœur joie en le faisant tituber au milieu de tonneaux de grands crus, une bouteille dans une main et un verre dans l'autre, les joues rosies par l'alcool.

Heureusement, d'autres, moins sardoniques, voyaient au-delà des apparences ; ils louaient la finesse du personnage, disant par exemple : « C'est un éléphant capable de déboucher avec sa trompe une carafe de cristal sans la casser. »

Le « bon père Fallières » n'a pas souhaité se représenter à la présidentielle de 1913. Lors de la passation de pouvoir, il s'en explique avec humour à Raymond Poincaré, son successeur :

> « *La place n'est pas mauvaise, mais il n'y a pas d'avancement.* »

ABYSSAL

En juin 1911, Justin Germain Casimir de Selves (1848-1934) démissionne de la préfecture de la Seine. Il en occupait le poste depuis près de quinze ans et y fut très actif. Il a inauguré le métro parisien en 1900 et joué un rôle éminent dans le domaine culturel, créant la commission du Vieux-Paris et développant les collections du Petit Palais.

Il est appelé cette fois à une mission nationale. Joseph Caillaux vient de former un nouveau gouvernement et a nommé de Selves au poste des Affaires étrangères. Ce n'est pas vraiment un cadeau car, quelques jours plus tard, éclate le coup d'Agadir. Disputant le Maroc à la France, l'Allemagne envoie le *SMS Panther*, une canonnière, au large du port. Le ministre se montre d'abord d'une fermeté inébranlable mais Caillaux préfère négocier et désavoue son collaborateur.

Dans un tel contexte, sa tâche devient périlleuse. Et les lazzis, féroces à cette époque, ne l'épargnent pas : on le dit « ministre étranger aux affaires ». Et un jour, à l'Assemblée, il se montre incapable de répondre à des questions qui lui étaient posées ; les moqueries fusent : « Il ignore tout ! » Jean Jaurès, narquois, persifle :

« *Son ignorance est encyclopédique.* »

UN HORIZON DÉGAGÉ

Le musée Clemenceau occupe toujours dans la capitale le n° 8 de la rue Benjamin-Franklin, où le Tigre emménagea en 1895. Dans ce trois-pièces avec jardin (où il installa un poulailler) et vue sur la tour Eiffel, le héros de 1918, le «père de la Victoire», vécut plus de trois décennies. Même pendant son mandat de président du Conseil, il venait s'y ressourcer. Il l'aménagea «pour le travail, le repos et le commerce des amis».

Vivait en bon voisinage de l'immeuble une communauté de jésuites de Saint-Louis-de-Gonzague. Un arbre au feuillage trop touffu obscurcissait le bureau du politicien. Il demanda au supérieur de l'ébrancher, et ce dernier s'exécuta rapidement. Pour le remercier, Clemenceau rédigea un petit courrier commençant par ces mots: «Mon père, je puis bien vous appeler mon père puisque vous m'avez donné le jour...» En retour, le religieux ne fut pas moins facétieux:

> «*Mon fils, je peux bien vous appeler mon fils car, grâce à moi, vous avez entrevu le Ciel...*»

ACROPHOBIE

Clemenceau a un humour au vitriol particulièrement redoutable. «J'ai toujours vu les gens muets et pétrifiés devant lui», témoigne Sacha Guitry. On le surnomme d'ailleurs le «Tigre» à cause de son caractère emporté.

À un piètre orateur qui endormait tout le monde à la tribune de l'Assemblée, il lance: «Reposez-vous!» Quand le député proteste qu'il n'est pas fatigué, il supplie: «Alors reposez-nous!»

Bien qu'appartenant à la gauche, il brocarde l'idéalisme de Jaurès par ce trait acéré: «On reconnaît un article de ce dernier à ce que tous les verbes y sont au futur.»

Au lendemain d'une opération chirurgicale, il lance une réflexion inattendue: «Il y a deux organes inutiles: la prostate et le président de la République.»

S'il coupe souvent le sifflet de ses adversaires, Clemenceau se retrouve un jour dans le rôle de l'arroseur arrosé. Il vient d'écouter avec plaisir un jeune parlementaire et tient à le féliciter: «Beau début de carrière, jeune homme. Venez sur mon cœur.» Il en est quitte pour un superbe affront:

> *«J'en serais flatté, monsieur le Président, mais j'ai horreur du vide!»*

BIEN MONTÉ

Le maréchal Hubert Lyautey passe une grande partie de sa carrière dans les colonies où il ne fait pas que réprimer les révoltes locales ; il se montre également un administrateur inspiré, partisan de la colonisation mais non du colonialisme sauvage.

Côté cœur, il vit de nombreuses idylles avec des militaires dès son entrée à Saint-Cyr, qu'il consigne dans son journal. Quand il découvre les hammams algériens, il écrit: «Ces beaux gaillards nus qui vous déshabillent, c'est l'extase!» Seulement, l'homosexualité est unanimement condamnée à l'époque ; Hubert est croyant et sa famille le pousse au mariage. Il finit par céder, non sans avoir pensé à mettre fin à ses jours. En octobre 1909, il épouse Marie de Bourgoing.

On se doute que Lyautey eut à essuyer les vilenies d'opposants politiques. Dans ce concert de lazzis, Clemenceau ne joua pas la partition la plus fine:

> «*Ça, c'est un homme admirable et courageux, qui a des couilles au cul. Dommage que ce ne soient pas souvent les siennes.*»

RETOUR AU BERCAIL

Le procès qui s'ouvre en ce 7 novembre 1921 à la cour d'assises de Versailles est très attendu. L'accusé doit répondre du meurtre de dix femmes et d'un enfant, dont les corps n'ont pas été retrouvés. Et pour cause : ils ont été incinérés dans la cuisine d'une villa, louée par l'assassin en la commune de Gambais. Le nom de ce « Barbe bleue » : Henri Désiré Landru.

Profitant de la surpopulation féminine faisant suite à l'hécatombe parmi les soldats de la guerre de 1914-1918, notre séducteur n'a pas eu de mal à recruter par petites annonces des femmes seules à la recherche d'une situation stable. Fort d'une éloquence enjôleuse, il les a mises en confiance, leur fait signer à chacune des procurations, avant de les inviter à Gambais dans le but de les faire disparaître.

Cette éloquence, il en fait preuve à nouveau devant la cour, multipliant les propos sarcastiques qui lui valent presque la sympathie du public, d'où s'échappent quelques rires intempestifs. Au point que le juge finit par perdre patience : « Si les rires continuent, je vais demander à chacun de rentrer chez soi ! » Landru prend la parole :

> *« Pour mon compte, monsieur le président,*
> *ce n'est pas de refus. »*

FÊTE FORAINE

Le nom d'Édouard Herriot est étroitement lié à la ville de Lyon, dont il fut le premier édile durant un demi-siècle.

À ses débuts, son militantisme se teinte d'un fort anticléricalisme. Mais, au fil des combats, il a eu tendance à se pondérer. À la satisfaction des catholiques, il s'oppose, par exemple, à l'affichage de journaux osés dans les kiosques, ce qui lui vaut d'ailleurs une contrepèterie drolatique du *Canard enchaîné*: «Le maire de Riom a de belles élections.»

Avec l'archevêque de la ville, monseigneur Gerlier, les relations sont souvent houleuses. Mais elles ne manquent ni de respect ni d'humour. Lors d'une foire annuelle qu'il a relancée après la Seconde Guerre mondiale, Herriot omet de saluer le clerc. Il s'en excuse en déformant les propos de monseigneur lors de la venue de Pétain en 1940: «Car Pétain, c'est la France, et la France, aujourd'hui, c'est Pétain.» Dans la bouche du maire, cela devient: «Oh, j'ai oublié de saluer le cardinal, mais il est ici comme chez lui car Lyon c'est Gerlier, et Gerlier, c'est Lyon.» Le prélat ne se laisse pas désarçonner et rétorque malicieusement:

> «*Comme chacun sait à Lyon, la foire c'est Herriot, et Herriot... c'est la foire...* »

ELLE EST RAIDE, CELLE-LÀ !

En 1932, leur séparation fait la une de la presse à scandale. Sacha Guitry (1885-1957) et Yvonne Wigniolle (1894-1977) formaient en effet depuis plus d'une décennie l'un des couples les plus «glamour» du Tout-Paris. Si l'acteur et réalisateur n'est plus à présenter (il a écrit près de trente scénarios de films et plus de cent vingt pièces de théâtre), Yvonne, elle, est aujourd'hui moins connue. À l'époque, pourtant, ses talents font l'unanimité. Colette voit en elle la «meilleure actrice d'opérette de son temps».

Engagée dès ses onze ans aux Folies Bergères où elle hérite du surnom de «Mlle Printemps», elle rencontre Sacha en 1917, qui commence à écrire pour elle. Leur collaboration artistique, qui triomphera en Amérique, prélude à l'union de leur cœur.

Mais leur mariage, célébré en 1919, ne sera pas heureux. Sacha, bien que peu fidèle, fait preuve d'une jalousie maladive et la prive cruellement de liberté. Il ne manque pas une occasion de se montrer blessant. Un jour qu'ils se promènent dans un cimetière, il lui compose l'épitaphe qu'il prévoit de faire graver sur sa tombe :

> «*Ci-gît Yvonne Printemps, enfin froide !*»

Elle ne se laisse pas démonter et rétorque :

> «*Et sur la tienne : Ci-gît Sacha Guitry, enfin raide !*»

KRACH BOURSIER

On se souvient d'Aristide Briand (1862-1932) comme de «l'apôtre de la paix» de l'entre-deux-guerres. En tant que ministre des Affaires étrangères, il est conscient que la France ne peut envisager d'avenir serein qu'en se rapprochant de l'Allemagne. Il entame donc des négociations avec elle. «Pour faire la paix, il faut être deux, écrira-t-il: soi-même et le voisin d'en face.» Les relations avec son homologue d'outre-Rhin, Gustav Stresemann, sont cordiales et les deux hommes reçoivent le prix Nobel de la paix en 1926. Malheureusement, les plaies de la guerre restent trop vives de part et d'autre et le nationalisme trop virulent.

Briand occupe aussi à dix reprises le poste de président du Conseil et passe pour un excellent orateur. Un de ses proches évoquera avec un industriel l'efficacité de sa rhétorique en ces termes: «Il était capable de vous faire pleurer simplement en vous lisant les cours de la Bourse.» Dans un contexte économique difficile, l'interlocuteur rétorque:

> «*Hélas, beaucoup de gens pleurent, sans lui, à la lecture des cours de la Bourse.*»

HEP !

Quand Paul Doumer prend la place de Gaston Doumergue à la présidence de la République en 1931, personne ne se doute qu'il n'y restera qu'une petite année. Personne sauf peut-être... lui-même ! Le 2 avril 1932, lors d'une exposition sur l'aviation, il fait en effet au directeur de la Sûreté générale, Léon Noël, cette déclaration prémonitoire : « À mon âge, après tout, ce serait une belle fin que de mourir assassiné ! »

Un mois plus tard, parcourant les salles d'une autre exposition, sur les écrivains de la Grande Guerre cette fois, il s'entretient avec l'auteur Claude Farrère quand des coups de feu retentissent, tirés par un déséquilibré russe. Le président s'effondre, l'artère axillaire sectionnée. Il décède le lendemain matin, 7 mai. La succession est ouverte.

Le caricaturiste qui avait tenu les propos qui suivent aura-t-il raison ? En 1931, selon le chansonnier Robert Rocca, il aurait en effet prédit :

> « *L'ancien président s'appelait Doumergue, son successeur s'appelle Doumer, le prochain s'appellera Dou, l'autre après ne s'appellera plus rien du tout. Quand on aura besoin de lui, on lui fera : "Hep ! Là-bas !"* »

ARTISTES PEINTRES

Pour Pablo Picasso (1881-1973), «la peinture n'est pas faite pour décorer les appartements. C'est un instrument de guerre offensive contre l'ennemi». Et cet ennemi, en 1937, c'est la coalition des forces fascistes dans toute l'Europe et notamment sur sa terre natale d'Espagne.

Le 26 avril 1937, une pluie de bombes, lancées par des avions allemands et italiens, s'abat sur le bourg basque de Guernica. Il s'agit de punir l'attachement de toute la région aux forces républicaines tenant tête au dictateur Franco. C'est jour de marché et les victimes, plusieurs centaines, sont toutes des civils. Picasso, qui a accepté de travailler pour décorer le pavillon espagnol à l'Exposition universelle de Paris la même année, s'en souvient lorsqu'il se met au travail. Son *Guernica*, vibrant plaidoyer contre la barbarie, est achevé en un gros mois de travail.

Durant l'Occupation, il reçoit à son atelier de la rue des Grands-Augustins l'ambassadeur nazi à Paris, Otto Abetz. Quand celui-ci voit *Guernica* sur des photos (la toile est conservée à l'étranger pour la protéger du feu des combats), il demande à l'artiste: «C'est vous qui avez fait cela?» Pablo répond, provoquant:

«*Non, c'est vous!*»

DANSE MACABRE

Éteint à l'aube du XXIe siècle à l'âge de quatre-vingt-deux ans, François Périer (1919-2002) a mené une brillante carrière d'acteur. Au cinéma d'abord, où il apparaît dans une centaine de films, dont *Le Samouraï* aux côtés d'Alain Delon ou *Le Cercle rouge* avec Bourvil. Mais c'est surtout sur les planches que François a conquis le cœur du public, en jouant près de quatre-vingts pièces, dont *Les Mains sales* de Jean-Paul Sartre, «un modèle et un maître», qui bouleversèrent sa carrière.

Parallèlement à son travail de courtier d'assurances, François s'était très tôt initié au théâtre: Cours Simon puis Conservatoire national d'art dramatique. Il y était entré en 1938 en même temps que Bernard Blier et Gérard Oury, et son professeur n'était autre que Louis Jouvet, directeur de l'Athénée depuis 1935.

Un jour que le jeune élève semblait fournir une piètre prestation, Jouvet, qui avait déjà joué de nombreuses fois des pièces de Molière, s'emporte: «Si Molière voit comment tu joues ton Don Juan, il doit se retourner dans sa tombe.» Périer ne se décontenance pas:

> «*Comme vous l'avez joué avant moi,*
> *ça le remettra en place.*»

OPTIMISME BÉAT

À la fin du mois d'août 1939, les blindés allemands, couverts par la redoutable *Luftwaffe*, l'armée de l'air germanique, s'apprêtent à déferler en Pologne. Malgré la menace qu'ils représentent, les Français affichent un optimisme buté.

Les journaux multiplient les reportages sur la ligne Maginot, cette ligne de défense souterraine équipée de tourelles d'artillerie escamotables propres à empêcher toute intrusion ennemie. Elle n'a pas été prolongée jusqu'à la mer du Nord pour ne pas froisser nos alliés belges, mais peu importe : l'infanterie saura repousser les Allemands.

Mieux, l'état-major insuffle aux troupes un esprit suicidaire de conquête. Durant la « drôle de guerre », une chanson circule parmi les soldats : *On ira pendre notre linge sur la ligne Siegfried*. La ligne Siegfried, c'est le pendant allemand de la ligne Maginot, une solide barrière s'étendant de l'Alsace aux Pays-Bas, forte de dix-huit mille bunkers et de dents de dragon. Une bagatelle à conquérir…

Devant le conseil municipal de Paris, le téméraire général Gamelin, commandant en chef, n'hésite pas à prédire :

> « *Nous entrerons en Allemagne comme dans du beurre.* »

DIEU CHOISIT SON CAMP

Le 17 mai 1940, le général Gamelin finit par admettre qu'il doit renoncer à l'idée d'une victoire facile. Il comprend enfin que la déroute est proche. Les blindés ennemis ont percé le front à Sedan et s'apprêtent à encercler nos troupes. Rendu responsable de la débâcle qui s'annonce, il est débarqué du commandement et remplacé par le héros de 1918, le général Weygand. Celui-ci ne s'en sort pas mieux et réclame dès la fin mai un armistice.

L'état-major cherche alors à se dédouaner de son incurie et accuse les gouvernements de gauche d'avoir désarmé le pays. En cause, les congés payés et la réduction du temps de travail sous le Front populaire. L'« esprit de jouissance » qui en découle a provoqué le découragement prématuré des troupes et leur délitement devant l'ennemi…

En essayant de disculper l'armée coûte que coûte, le général Weygand va plus loin encore et invoque des justifications pour le moins inattendues :

> « *La France a mérité sa défaite : elle a été battue parce que ses gouvernements depuis un demi-siècle ont chassé Dieu de l'école.* »

JOUR DE CARNAVAL

Réfugié à Londres d'où il lance son célèbre appel le 18 juin 1940 à la BBC, Charles de Gaulle n'a pas toujours su se faire à l'humour britannique. Comme il peinera d'ailleurs à oublier la vieille rivalité franco-anglaise ; son chauffeur a reçu pour consigne d'éviter Trafalgar Square dans la mesure du possible, afin de ne pas raviver des plaies militaires mal cicatrisées.

Les relations avec le Premier ministre Winston Churchill sont aigres-douces. Car si le général a un caractère bien trempé, le Britannique, lui, manie la plaisanterie avec brio. Plus ou moins gentiment. Un jour que le Français réclame à le voir le lendemain dès 7 heures du matin, le Premier ministre, peu matinal, lui réplique :

> «*Pourquoi pas 6 heures, mon général?*
> *Nous pourrions prendre la douche ensemble!*»

Le 11 novembre 1940, de Gaulle voit arriver Churchill à la commémoration de l'armistice, revêtu d'un costume à carreaux : «C'est le carnaval…», commente-t-il tout bas. Mais l'autre a entendu le sarcasme et réplique :

> «*Que voulez-vous? Vous m'avez pris l'idée*
> *de me déguiser en soldat inconnu.*»

POSTÉRIEUR SANS FRONTIÈRES

Rien ne va plus en 1945 pour l'actrice Léonie Bathiat, plus connue sous le pseudo d'Arletty. Sa réplique dans *Hôtel du Nord*, «Atmosphère, atmosphère!», l'a pourtant rendue célèbre dans tout le pays. Mais en ces temps d'épuration, elle est accusée de «collaboration horizontale». Comprenez qu'elle a entretenu des relations intimes avec l'occupant.

C'est pourtant une véritable histoire d'amour qui débute en mars 1941, lorsque lui est présenté, à la salle du Conservatoire, Hans Jürgen Soehring, officier de la *Luftwaffe*. Comme elle le dira plus tard à son biographe, elle est conquise: «J'étais "soehringuisée" au maximum.» «Biche» (comme elle signe dans sa correspondance) s'affiche partout avec «Faune» (surnom qu'elle donne à Hans pour ses oreilles pointues).

Lorsque arrive la Libération, Arletty se sait en danger. Arrêtée le 20 octobre 1944, elle est condamnée deux ans plus tard à un blâme par le Comité national d'épuration. Elle n'en perdra pas son sens de l'humour:

> «*Si mon cœur est à la France, mon cul est international.*»

POLYSÉMIE

Tristan Bernard (1866-1947) mérite une place de choix dans la littérature française du siècle passé. Pas seulement parce qu'il fut un auteur prolifique (de pièces de théâtre, de romans et d'innombrables poèmes). Mais parce qu'il sut aussi garder une âme d'enfant, comme il se plaisait à le souligner. Il était célèbre pour ses grilles de mots croisés. Le lecteur peut s'exercer sur ces quelques exemples: «Muet de naissance», «Prouesse ou délit», «On les lève pour les coucher», ou encore «Transport en commun». Réponses: Cinéma, Vol, Femmes, Partouze…

Lorsque arrivent la guerre et l'Occupation, Tristan Bernard est en droit de trembler pour sa peau à cause de ses origines juives – il sera d'ailleurs interné à Drancy en 1943. Mais son sens de la repartie n'en sera pas affecté. Commentant la morosité ambiante et la présence allemande, il déclare: «Comme c'est triste d'avoir si peu d'occupation dans un pays si occupé.» Surtout, il se moque de l'esprit cocardier de ses concitoyens bravaches:

> «*En 1914, on disait "On les aura!", eh bien maintenant, on les a.*»

GROSSE TÊTE

1945. Deux héros de la Libération discutent. D'un côté, le général de Lattre de Tassigny. Ayant été fait prisonnier lorsque les nazis ont envahi la zone libre en novembre 1942, il s'est évadé pour rejoindre les forces françaises libres en Afrique du Nord. Promu général d'armée par de Gaulle, il a commandé les troupes françaises lors du débarquement de Provence en août 1944, pénétré en Allemagne. Il représente le pays à Berlin le 8 mai 1945.

Face à lui, le chef de la France libre, devenu celui du Gouvernement provisoire de la République française. L'homme que les Français ont porté aux nues lors de son entrée à Paris et son défilé triomphal sur les Champs-Élysées en août 1944 peut être fier de son bilan. Il a épargné au pays la mise sous la tutelle d'un gouvernement allié, celui de l'AMGOT (*Allied Military Government of Occupied Territories*). Il a rétabli la vie politique, autorisé le vote des femmes et entamé la reconstruction.

Pourtant, il est en butte aux partis qui réclament un régime parlementaire fort, au détriment des pouvoirs du président. De Gaulle enrage. De Lattre allait se lancer dans un long développement : « La France pense que… », mais de Gaulle l'interrompt avec orgueil :

> « *Quand je veux savoir ce que pense la France, je m'interroge.* »

ÇA FAIT MAL PAR OÙ ÇA PASSE

S'il s'agit d'une distinction avidement recherchée par beaucoup, certains ne voient dans la Légion d'honneur guère plus qu'un joujou inutile.

Il y a ceux qui l'ont déclinée poliment, justifiant leur position par esprit d'indépendance. Jean-Paul Sartre se fait leur interprète : « L'écrivain doit refuser de se laisser transformer en institution. » Et il y a ceux qui se sont offusqués qu'on puisse penser à eux. Le compositeur Berlioz, en 1864, s'emporte : « Je me fous de votre croix. » Mais personne n'est allé aussi loin que Marcel Aymé (1902-1967) en 1949.

À la Libération, on a accusé cet auteur d'avoir travaillé pour une maison de production cinématographique allemande, Continental-Films, créée à Paris par Joseph Goebbels, ministre de la Propagande d'Hitler. Il a reçu en 1946 un blâme pour avoir « favorisé les desseins de l'ennemi ». Pour cet intellectuel indépendant qui n'a jamais pris position en faveur de l'occupant (le ridiculisant même avant 1939), l'affront ne passe pas. Il prend un malin plaisir à refuser la Légion d'honneur en des termes non allusifs :

> « *Je les prierais qu'ils voulussent bien, leur Légion d'honneur, se la carrer dans le train, comme aussi leurs plaisirs élyséens.* »

AMNÉSIE

De tous les généraux de la Seconde Guerre mondiale, un seul fut élevé de son vivant à la distinction suprême de maréchal : Alphonse Juin (1888-1967). La victoire du Garigliano en mai 1943 constitue son plus célèbre fait d'armes. Aux côtés des Alliés, il réussit à percer sur les flancs la ligne Gustav dans le sud de l'Italie, tenue par les troupes allemandes. La route vers Rome est ouverte et la ruine du régime mussolinien consommée.

Le 25 août 1944, après avoir été promu chef d'état-major de la Défense nationale, il entre dans le Paris libéré aux côtés du général de Gaulle. Les deux hommes se connaissent bien, ayant appartenu à la même promotion à Saint-Cyr en 1911. Pourtant, le futur chef d'État français tiendra longtemps rigueur au héros du Garigliano de ne pas avoir rallié la France libre tout de suite et de lui avoir préféré l'armée de Vichy jusqu'à l'invasion de la zone libre en novembre 1942.

Plus tard, alors que le journaliste Jean-Raymond Tournoux l'interroge sur le maréchal Juin, de Gaulle feint de ne pas comprendre :

> « *Juin ? De quelle année ?* »

TROUBLANTE RÉPUBLIQUE

Qu'ont en commun Henri Queuille et Christian Pineau ? Celui d'avoir été les présidents du Conseil les plus éphémères de la quatrième République. Si le premier tint deux jours en juillet 1950, le second ne reçut pas l'investiture des députés et ne dépassa donc pas les vingt-quatre heures en poste en février 1955. La faute à une Constitution donnant trop peu de prérogatives au chef de l'État – un « inaugurateur de chrysanthèmes », selon les mots de Charles de Gaulle. En face, l'Assemblée nationale détient l'essentiel des pouvoirs. Le scrutin à la proportionnelle assure certes, une représentation de tous les partis, mais ne facilite pas la constitution de majorités stables.

Comme les sujets d'achoppement ne manquent pas, notamment les guerres coloniales de l'Indochine et de l'Algérie, la valse des ministères est incessante : vingt-quatre gouvernements de 1947 à 1958. Si bien qu'une fort malicieuse devinette circule alors :

> « *Quelle différence y a-t-il entre le gouvernement et un minuscule bikini ?* »

Réponse :

> « *Aucune. Dans les deux cas, chacun se demande par quel miracle il peut tenir et n'a qu'une seule idée : le voir tomber.* »

HISTOIRE DE CONS

Frédéric Dard (1921-2000) restera à jamais associé à ses cent soixante-quinze romans policiers. Il aimait à raconter que le nom de son héros lui a été inspiré par le hasard. Laissant courir son doigt sur une carte, il l'avait arrêté sur la cité californienne de San Antonio. Son célèbre commissaire était né. Après le premier roman en 1949, *Réglez-lui son compte*, il en écrit plusieurs par an, atteint d'une incroyable boulimie d'écriture. Doté d'un sens de la repartie prolifique, l'écrivain s'acharne en particulier sur les cons. Le lecteur n'en aura ici qu'un mince mais éloquent aperçu. Dard nous fournit d'abord un moyen imparable pour les repérer :

> « *Tout ce que pense, dit et fait un con est con.* »

Il évalue ensuite leur influence sur les autres :

> « *Le con ne perd jamais son temps, il perd celui des autres.* »

Enfin, il nous prodigue de précieux conseils pour nous prémunir contre eux :

> « *Quand vous tenez un con, lâchez-le.* »

Spectateur désabusé d'une humanité qui tourne en rond, il doit bien admettre, cependant, que la bêtise est en passe de prendre le pas sur l'intelligence :

> « *Ce sont toujours les cons qui l'emportent.*
> *Question de surnombre.* »

(ART)ISTOCRATIQUE

Comme tous les autres domaines artistiques, la peinture a subi le choc d'un XXe siècle guerrier et barbare. L'expressionnisme, incarné surtout par Edvard Munch et Otto Dix, en constitue une parfaite illustration, déformant la réalité par des lignes acérées et des couleurs violentes.

En 1955, le peintre expressionniste Bernard Buffet (1928-1999) figure parmi les dix artistes les plus marquants de l'après-guerre, selon un sondage effectué par la revue *Connaissance des arts*. Son portrait du général de Gaulle fait la une du magazine anglais *Time*.

Les deux hommes partagent une même défiance à l'égard de l'art abstrait. Le peintre y voit «une impasse» et déclare un jour à propos de ses tenants: «Les milliardaires qui achètent ce genre de tableaux pourraient aussi bien les faire eux-mêmes.» Le général, de son côté, a coutume de pencher la tête pour s'assurer que les toiles n'ont pas été accrochées à l'envers. Commentant les propos de Buffet, il ironise:

> «*Comme il a raison! Mais il faut bien que leur argent serve à quelque chose.*»

BELLE PIÈCE

La foule se presse à l'Opéra Garnier en cette soirée du 23 septembre 1964. L'édifice, construit sous le Second Empire dans le style Napoléon III, a fait peau neuve. Le ministre gaulliste de la Culture, André Malraux (1901-1976), a souhaité remplacer le plafond de Jules Lenepveu et sollicite pour ce faire le peintre Marc Chagall (1887-1985). À vingt mètres du sol, celui-ci a réalisé une œuvre monumentale recouvrant deux cent vingt mètres carrés.

Les spectateurs qui assistent à la représentation de Maurice Ravel, *Daphné et Chloé*, ne peuvent s'empêcher de lever la tête vers la voûte pour en admirer le tourbillon de couleurs et de courbes.

À l'entracte, une scène cocasse se déroule dans les toilettes. De Gaulle et Malraux se retrouvent côte à côte aux urinoirs. Le ministre commente le spectacle : « Belle pièce ! » De Gaulle, guère connu pour des sorties grivoises, ne peut retenir cette étonnante repartie :

> « *Je vous en prie, Malraux,*
> *regardez devant vous !* »

BÊTISE SONORE

« Science sans conscience n'est que ruine de l'âme », disait déjà François Rabelais au XVIe siècle. Il n'a jamais eu autant raison qu'au XXe, avec son lot d'inventions destructrices mises entre les mains d'esprits déviants, depuis les gaz asphyxiants jusqu'à la bombe atomique en passant par les armes chimiques et bactériologiques.

L'un de nos plus éminents biologistes, Jean Rostand (1894-1977), n'a cessé de souligner, dans ses efforts de vulgarisation qui lui ont valu le prix Kalinga en 1959 (créé par l'Unesco en faveur du meilleur ouvrage de vulgarisation), l'importance d'une déontologie dans le domaine du savoir. Dénonçant, par exemple, l'arme atomique, il fustige l'orgueil sans limites des humains : « La science a fait de nous des dieux, avant même que nous méritions d'être des hommes », écrit-il.

Pourtant, l'excès inverse, consistant à nier le moindre bienfait apporté par les innovations technologiques, paraît tout autant condamnable. La création du transistor en 1947 révolutionne la radio en permettant de la miniaturiser. Rostand commente :

> « *L'usage des transistors n'a pas rendu les humains plus sots, mais la bêtise s'est faite plus sonore.* »

UN LAC DE CHAMPAGNE

Des quatre voyages du général de Gaulle au Canada, le dernier fut sans doute le moins heureux. Alors président de la République, il avait accepté l'invitation du Premier ministre québécois de visiter l'Exposition universelle de 1967. Le 24 juillet, depuis le balcon de l'hôtel de ville de Montréal, il improvisa un discours devant une foule de francophiles et ne put s'empêcher d'afficher son soutien aux indépendantistes par ces mots devenus célèbres: «Vive Montréal! Vive le Québec! Vive le Québec libre!» L'incident diplomatique fit grand bruit ; deux jours plus tard, écourtant sa visite, le général rembarquait vers Paris à bord du DC-8 présidentiel.

Il a heureusement échappé aux conséquences d'un autre incident potentiel… Ses hôtes canadiens lui firent en effet goûter un champagne local qu'il n'apprécia que fort modérément. De son franc-parler légendaire, de Gaulle ne put retenir un commentaire désobligeant en racontant l'épisode après son retour:

> «*Je leur ai dit qu'il fallait autant de courage pour fabriquer du champagne au bord des Grands Lacs qu'il nous en faudrait pour transformer les Grands Lacs en champagne. Ils ont été enchantés. Je n'ai pas l'impression qu'ils m'aient compris.*»

PAPA CHARLES

Jean-Bedel Bokassa (1921-1996) restera à jamais associé à ce sacre croquignolesque du 4 décembre 1977. À la tête de la République centrafricaine depuis son coup d'État de la Saint-Sylvestre de 1965, il se proclame en effet… empereur, cent soixante-treize ans après Napoléon Ier – dont il s'est d'ailleurs inspiré pour son costume. La cérémonie, dont le coût est évalué à près de cent millions de francs, atteint un faste ridicule lorsque Bokassa Ier parcourt les rues de Bangui dans un carrosse de bronze et d'or, tiré par huit chevaux normands, dont deux meurent à la tâche – obligeant le mégalomane à finir son chemin en limousine.

Valéry Giscard d'Estaing n'a pas voulu assister au sacre, malgré une longue amitié scellée par de luxueux cadeaux. La France a jusque-là soutenu le dictateur. Même le général de Gaulle, qui le surnommait «le soudard», n'a jamais osé froisser le potentat africain, peut-être à cause des mines d'uranium de Bakouma. Il va jusqu'à le recevoir en février 1969 en visite officielle. Après une semaine passée en France, Bokassa, très admiratif du général (au point d'en afficher deux portraits dans son bureau), se félicite à sa sortie de l'Élysée, après un repas en tête à tête :

«*De Gaulle, c'est mon père adoptif!*»

LE DIVORCE DU GÉNÉRAL

Pour ceux qui ne sont pas encore couchés, c'est la stupéfaction en ce 28 avril 1969. Il est minuit dix lorsqu'un communiqué laconique annonce la démission du général de Gaulle. Tout le monde s'y attendait un peu, certes, il n'empêche, le divorce du pays avec le héros de la France libre est consommé.

Les premiers signes d'un désaccord s'étaient manifestés à la présidentielle de 1965 puis aux législatives de 1967. Le parti gaulliste et son fondateur avaient remporté les élections d'une courte tête. Puis était venu le cataclysme de mai 68 où les slogans anti-gaulliens exprimaient le ras-le-bol général devant l'usure du pouvoir.

Le coup de grâce est donné avec le référendum du 27 avril 1969. Le général avait prévenu : si les Français s'opposaient à son projet de créer les collectivités régionales et de réformer le Sénat, il se retirerait du pouvoir. Le « non » l'emporte avec 52,41 % des suffrages. On connaît la suite. Alain Poher, président du Sénat, est chargé d'assurer l'intérim avant de nouvelles élections. Il était opposé de principe au référendum et résuma ainsi la situation :

> « *Quand, dans un ménage, on ne se parle plus*
> *que par oui ou par non, le divorce n'est pas loin.* »

ON M'DÉVISAGE, ON M'ENVISAGE

Les esprits malicieux et bien renseignés savent bien que le député franc-comtois Edgar Faure (1908-1988) n'était pas un élu de Saint-Claude, capitale de la pipe, pour rien !

Ses frasques et sa liberté de ton n'ont pas tardé à lui construire une solide réputation. Un jour, au début des années 1970, alors qu'il est président de l'Assemblée nationale, il arrive en retard à une conférence de presse à l'hôtel Hilton. Ignorant que les micros sont ouverts, il lâche, devant un parterre de journalistes médusés, à un assistant :

> « *Excusez-moi, j'étais en train de baiser.* »

Une autre fois, il se présente à l'Assemblée la braguette ouverte, ce qu'un huissier ne manque pas de lui faire remarquer discrètement.

> « *Dans cette maison, il faut tout faire* », se plaint-il.

Certaines sorties de notre épicurien ne sont pas sans faire grincer quelques dents. Quand, en *off*, on lui signale que telle romancière est trop grande pour lui :

> « *Mon cher, je ne l'ai jamais vue qu'à genoux* », rétorque-t-il avec grivoiserie.

Et quand une femme, indisposée par ses regards insistants, lui demande ce qu'il a à la dévisager ainsi, il répond :

> « *Madame, je ne vous dévisage pas, je vous envisage.* »

GOD SAVE THE PRESIDENT

Jusqu'à aujourd'hui, Georges Pompidou (1911-1974) détient le record de longévité au poste de Premier ministre puisqu'il demeure à Matignon six années sous la présidence du général de Gaulle. Remplacé par Couve de Murville après mai 1968, il se prépare à gravir la dernière marche de son ascension politique, celle de l'Élysée.

Certains pensent que l'« appel de Rome » de Pompidou en janvier 1969 fut fatal à de Gaulle. En annonçant son intention de briguer le poste présidentiel depuis la capitale italienne, il rassure ceux qui cherchent une solution de continuité au gaullisme tout en renouvelant un pouvoir usé par le temps et les événements. Cela influence probablement le résultat du référendum d'avril. Le général retiré de la vie politique, la voie est libre pour Pompidou : face à Alain Poher, il est élu président le 15 janvier 1969, avec 58,2 % des suffrages.

La même année, en conférence de presse, Pompidou écoute Pierre Limagne, du journal catholique *La Croix* : « C'est pour que vous puissiez étudier le long terme que les constituants ont prévu sept années de présidence et, si Dieu vous prête vie… » Le chef de l'État l'interrompt :

> « *Vous êtes bien placé pour le lui demander, mon cher.* »

Savait-il déjà qu'il était gravement malade ?

MENTEUR !

Pompidou est atteint de la maladie de Waldenström, une pathologie de la moelle osseuse, qui provoque une lente dégradation de son état de santé. Les Français ne tardent pas à en prendre conscience : visage gonflé par les corticoïdes, démarche hésitante, malaises fréquents. On parle de grippe à rechute mais les communiqués officiels (le premier sur la santé du chef de l'État est daté du 7 février 1974) ne dupent personne. La vie de Georges Pompidou est menacée.

Jacques Chaban-Delmas, son ancien Premier ministre dont il s'est séparé pour divergence de conceptions (ce dernier prônait une « nouvelle société » trop progressiste), ne l'ignore pas. Il envisage déjà la succession et se verrait bien dans l'habit présidentiel. Pourtant, quand Pompidou lui demande s'il le croit mourant, Chaban lui affirme ne pas « accorder de confiance » aux rumeurs. Son interlocuteur, déroulant une affiche barrée du slogan « Chaban président », l'assomme alors par ces propos :

> « *Vous pouvez vous retirer, la France n'a pas besoin d'un menteur.* »

C'EST FAURE !

D'aucuns considèrent ce centriste comme un opportuniste. Deux fois président du Conseil sous la quatrième République (où il fut l'instigateur de la TVA), Edgar Faure a intégré ensuite la mouvance gaulliste. D'autres estiment qu'il n'a fait que suivre les infléchissements de sa conscience. Lui-même disait avec humour : « Ce n'est pas la girouette qui tourne, c'est le vent. »

Candidat malheureux à la présidentielle de 1974 qui consacre le triomphe de Giscard d'Estaing, Faure se console avec le perchoir de l'Assemblée nationale. C'est de ce dernier qu'il accueille en octobre 1976 le Premier ministre Raymond Barre. Depuis le choc pétrolier de 1973, on ne parle plus que de crise, d'inflation à deux chiffres et d'envolée du chômage.

À l'Assemblée, les débats sur la situation économique sont agités. Edgar Faure tente de ramener au calme les députés de l'opposition mais son intervention est malheureuse pour Raymond Barre (et délicieuse pour les moqueurs) :

> « *Laissez parler le Premier ministre, les orateurs intelligents auront ensuite la parole.* »

OPTIMISME DÉPLACÉ

En août 1976, le président Giscard d'Estaing présente le nouveau Premier ministre, Raymond Barre, comme «le meilleur économiste de France». L'homme, il est vrai, est brillant: agrégé de droit et de sciences économiques, il a accumulé dans ce dernier domaine une vraie expérience, aussi bien dans différents cabinets ministériels qu'à la Banque de France. Mais que pourra-t-il faire face à une crise mondiale provoquée par l'envolée des cours pétroliers?

Le scepticisme semble général. Quand Raymond Barre s'inquiète de savoir auprès du président du CNPF (principal syndicat patronal) comment il va, François Ceyrac lui répond: «Je vais mieux.» Le Premier ministre s'en étonne: «Qu'entendez-vous par là?» «Eh bien, ça va mieux… que l'année prochaine.»

Finalement, Barre se laisse lui-même gagner par la morosité ambiante, sans pour autant ne rien y laisser paraître. Lors d'un Conseil des ministres, VGE lui fait part d'un sondage révélant que 77 % des Français se déclarent pessimistes. «Oui, mais pour ma part, je suis très, très optimiste», réplique-t-il. Le président, guère convaincu: «Ah! Pourquoi, alors, avez-vous l'air si sombre?» Réponse de l'intéressé:

> «*C'est que j'ai bien peur que mon optimisme ne soit pas justifié.*»

MARCHAIS À RECULONS

Georges Marchais (1920-1997) était un débatteur hors pair, capable de reparties spontanées qui ont fait date. Même les journalistes victimes de ses foudres se remémorent avec plaisir ses attaques fielleuses. À Jean-Pierre Elkabbach, qui lui demande de réexpliquer ses idées, il lance : « Vous n'arrivez pas à vous mettre dans votre petite tête que moi aussi j'ai un cerveau. »

Si ses bons mots lui valent une certaine popularité, Georges Marchais ne parvient pas à empêcher le naufrage du Parti communiste, dont il est à la tête depuis 1972. Craignant qu'une union de la gauche ne profite qu'aux seuls socialistes, il se désengage peu à peu du programme commun. Surtout, il refuse de condamner clairement l'expérience soviétique, dont « le bilan global [...] est positif. Le goulag ? À supposer qu'il existe... », affirme-t-il dans les années 1970.

Ces positions immobilistes désorientent l'électorat. Elles rendent surtout cette sortie de Marchais en 1980 plutôt cocasse :

> « *Nous autres communistes, nous avons une position claire, nous n'avons jamais changé, nous ne changerons jamais : nous sommes pour le changement !* »

SOUPE SENTIMENTALE

Jeanne Moreau, dont on ne présente plus la brillante carrière cinématographique, parlait ouvertement de ses relations avec la gent masculine. Celle qui s'est mariée à deux reprises à des réalisateurs – la première fois en 1949 avec Jean-Louis David dont elle était enceinte (l'accouchement aura d'ailleurs lieu le lendemain de la noce), la seconde en 1977 avec William Friedkin, l'auteur de *L'Exorciste* ou encore de *French Connection* – a avoué avoir collectionné les aventures, non par une insatiable soif de séduction mais, disait-elle, par goût du talent.

À en juger par d'autres propos, assez désabusés, tenus plus tard, peut-être est-on en droit de se demander si n'était pas en cause plutôt l'usure irrémédiable des sentiments. En effet, voici comment elle décrivait les emportements du cœur :

> «*L'amour, c'est comme le potage : les premières cuillérées sont trop chaudes, les dernières sont trop froides.*»

PASSÉ PASSIF

Valéry Giscard d'Estaing et François Mitterrand se sont affrontés à deux reprises pour le siège présidentiel. Chaque fois, la victoire se fit d'une courte tête et le débat télévisé consacra le futur vainqueur.

Celui du 10 mai 1974 voit le leader des républicains indépendants répliquer sereinement mais fermement au candidat de la gauche qu'il n'a «pas le monopole du cœur» face à la misère populaire. Il affirme également que son opposant, de dix ans son aîné, n'est qu'«un homme du passé». Mais sept ans plus tard, au terme du mandat giscardien, la crise a fait des ravages et Mitterrand se fait beau jeu de rappeler l'envolée du chômage, l'inflation galopante, le déficit du commerce extérieur ou encore la dette de l'État.

Lors du débat du mardi 5 mai 1981, le leader socialiste, dont la mémoire ne s'est pas altérée, reprend l'attaque de son adversaire et en fait un terrible boomerang:

> «*Vous ne voulez pas parler du passé:*
> *je comprends, bien naturellement, et vous avez*
> *tendance à reprendre le refrain d'il y a sept ans,*
> *l'homme du passé. C'est quand même ennuyeux*
> *que, dans l'intervalle, vous soyez devenu, vous,*
> *l'homme du passif.*»

AU ROYAUME (DÉS)ILLUSION

Le 30 octobre 1980, l'humoriste Coluche annonce sa candidature à la présidentielle de 1981 devant un parterre de journalistes médusés. Fustigeant la classe politique, il motive ainsi sa décision : « Ils nous prennent pour des imbéciles alors votons pour un imbécile. » La décision du trublion aurait pu faire rire les autres candidats si ce n'étaient les sondages le créditant de 16 % des intentions de vote. Mais à force de subir des pressions plus ou moins légales, Coluche finit, le 16 mars 1981, par se retirer de la course élyséenne.

Les socialistes l'emportent. Les espoirs qu'ils soulèvent avec leur important programme de réformes sociales (hausse du Smic, des allocations familiales, semaine de 39 heures, cinquième semaine de congés payés…) retombent pourtant dès 1983, lorsque Pierre Mauroy amorce le « tournant de la rigueur ». D'aucuns crient alors à la trahison de l'idéal socialiste. Coluche, de son côté, s'autorise une remarque pleine de subtilité et d'amertume :

> « *Les socialistes ont eu tort d'aller au pouvoir. Ils auraient dû faire comme Dieu : ne jamais se montrer pour qu'on continue à y croire.* »

LE CANDIDAT PREMIER MINISTRE

La victoire de la droite aux législatives de 1986 ne surprend personne tant la gauche, avec ses renoncements, a déçu. Jacques Chirac, dont la cote de popularité est montée en flèche après le débat l'ayant opposé à Laurent Fabius, qu'il a mouché avec son terrible «Cessez de m'interrompre comme un roquet», est nommé Premier ministre. S'ouvre ainsi la première «cohabitation».

Le président Mitterrand, en attendant patiemment la présidentielle de 1988, conduit les séances hebdomadaires du Conseil des ministres d'une main de glace. Il ne ménage guère le gouvernement, adoptant quasi systématiquement le contre-pied de ses positions.

Quand enfin la campagne pour la présidentielle bat son plein, la confrontation télévisée du 28 avril entre les deux candidats finalistes se révèle déterminante. Chirac se lance dans un exposé ampoulé : «Ce soir, je ne suis pas le Premier ministre et vous n'êtes pas le président de la République. Nous sommes deux candidats à égalité et qui se soumettent au jugement des Français, le seul qui compte. Vous me permettrez donc de vous appeler *monsieur Mitterrand.*» La réponse est d'anthologie :

> «*Vous avez tout à fait raison,*
> *monsieur le Premier ministre.*»

L'IDIOT DE LA RÉPUBLIQUE (BIS)

Lorsqu'un gouvernement de la cinquième République ne dispose pas d'une majorité confortable à l'Assemblée nationale ou veut légiférer rapidement, il recourt à l'article 49-3 de la Constitution. Décidé en Conseil des ministres, son utilisation permet de court-circuiter le vote traditionnel du Parlement.

Après sa réélection à la présidence de la République en 1988, François Mitterrand dissout la Chambre, élue deux ans plus tôt et où la droite est majoritaire. La gauche ne l'emporte que d'une courte tête. En conséquence, le nouveau Premier ministre nommé par le président, Michel Rocard, dispose d'une marge de manœuvre relativement étroite. Pas étonnant qu'il détienne le record du nombre d'utilisation du 49-3 : treize fois en trois ans.

En octobre 1990, il fait une drôle d'autocritique :

> «*L'usage de l'article 49-3 est à la portée du premier imbécile venu. Je le sais : j'en use moi-même.*»

MISE AU TAPIE

Dans les années 1990, il est l'une des personnalités politiques françaises les plus en vue. Bernard Tapie a tout pour séduire : d'origines modestes, il a amassé une immense fortune à force d'initiative et de culot. Rachetant des groupes au bord de la faillite, il les relance avant de les revendre, encaissant de belles plus-values.

Dans un pays en crise, Tapie incarne la réussite. Mitterrand lui fait confiance (il le nommera ministre de la Ville), l'homme d'affaires apparaît partout à la télévision et se consacre à sa passion du sport. Avec succès : il investit dans le cyclisme (son équipe *La Vie claire* remporte deux Tours de France) et surtout dans le football. L'OM brille sous sa présidence.

À l'été 1990, il rachète l'équipementier Adidas, l'« affaire de sa vie ». Malheureusement, deux ans plus tard à peine, les comptes sont au rouge. Ce qui fait tenir à Gérard Longuet, l'un de ses nombreux adversaires politiques, les propos suivants :

> « *Ce n'est pas parce qu'il fabrique des chaussures que monsieur Tapie doit raisonner comme un pied.* »

D'AUBERT AU BOUDOIR

Elle n'y sera demeurée que trois cent vingt-trois jours, mais Édith Cresson est la seule femme à avoir occupé l'hôtel Matignon dans l'histoire de la République. Elle passa son mandat à endurer les pires sarcasmes machistes.

Dix ans plus tôt, déjà, en 1981, Mme Cresson défraie la chronique politique en devenant la première dame à occuper le ministère de l'Agriculture. Quand on connaît le conservatisme du monde agricole, comment s'étonner de lire sur des pancartes ce message très fin : « On t'espère meilleure au lit qu'au ministère » ?

En 1991, lorsque Édith est nommée Premier ministre par François Mitterrand, son discours d'investiture provoque des réflexions misogynes à l'image de celle du député UDF de la Mayenne, François d'Aubert : « C'est la Pompadour qui entre à Matignon » – comme si la courtisane Cresson devait à son prince Mitterrand la récompense de ses faveurs. Le 16 mai 1992, sur le plateau du journal d'Antenne 2, elle lui répond avec brio :

> « *M. d'Aubert, deux cents ans après la Révolution française, vit toujours dans un boudoir... Je suis peut-être la favorite, mais la favorite de mes électeurs.* »

EXAMEN RÉUSSI

Entre sa nomination à Matignon en mai 1991 et son départ le 2 avril suivant, Édith Cresson bat tous les records d'impopularité, passant de 35 % d'opinions défavorables à 76 %!

Cette dégringolade dans les sondages s'explique avant tout par des indicateurs économiques et sociaux désastreux: l'inflation reste élevée, tandis que le chômage dépasse les 10 % de la population active. Mais les scandales à répétition (affaire Urba ou encore du sang contaminé) et les maladresses verbales n'arrangent pas les choses. En juillet 1991, Édith Cresson déclare à un journaliste d'ABC que l'homosexualité correspondrait plus à des coutumes anglo-saxonnes qu'aux usages des Latins. Sur la même chaîne, elle compare les Japonais à des fourmis qui ne pensent qu'au travail. La presse se gausse et se déchaîne.

Le coup de grâce vient de son principal soutien, le président Mitterrand lui-même, qui déclare le 28 janvier 1992:

> «*Quand j'ai nommé Édith Cresson, je lui ai dit qu'elle avait le devoir d'être impopulaire. Je ne pensais pas qu'elle réussirait aussi bien.*»

HUMANITAIRE AU RABAIS

Les commentaires sarcastiques ne manquent pas d'accueillir le moindre des faits et gestes de Bernard Kouchner. En 2007, son ralliement aux troupes sarkozystes lui a valu de nombreuses inimitiés au sein de sa famille politique.

Le gastro-entérologue a toujours défendu ses idées avec un panache un peu ostentatoire. Fondateur de Médecins sans frontières, il se fait connaître d'abord pour ses actions humanitaires dans les années 1970, avant de se détacher de l'ONG, lui reprochant sa neutralité. En 1980, il crée Médecins du monde et n'hésite pas à s'impliquer lui-même dans des opérations «publicitaires» afin d'éveiller les consciences. Ainsi, en 1992, on le voit sur une plage somalienne un sac de riz sur l'épaule. Une image qui lui colle toujours à la peau.

Jean-Pierre Chevènement, qui fut un de ses collègues au gouvernement, se laissa aller à des propos doux-amers :

> «*Quand il se passait quelque chose au Liban, je disais d'y envoyer Kouchner. Il occupait autant de volume qu'un porte-avions, mais il coûtait moins cher.*»

TERRORISTES

Fondée en 1945 par le général de Gaulle, l'École nationale de l'administration (ENA) forme les futurs cadres de la fonction publique. Si son recrutement est démocratique, on lui reproche souvent son élitisme, sa pensée technocratique détachée des réalités du terrain économique et social et son trop grand immobilisme. D'anciens élèves, comme Jean-Pierre Chevènement, ne l'ont pas ménagée.

Récemment, dans *Promotion Ubu roi* publié en 2012, Olivier Saby raconte sa propre expérience à l'ENA. Il nous livre au passage un bêtisier édifiant de ses locataires ; ainsi, une énarque qui rêve de refondre la République : « Si on pouvait limiter le droit de vote aux polytechniciens et aux énarques, la France tournerait mieux. »

Pas étonnant que certains politiciens aient dit envisager de supprimer cette école, comme François Bayrou en 2007. Avant lui, en 1997, Alain Madelin s'était emporté :

> « *L'Irlande a l'IRA, l'Espagne a l'ETA,*
> *l'Italie a la mafia, et la France a l'ENA.* »

BALLAMOUCHI

La présidentielle de 1995 est placée sous le signe d'un duel fratricide à droite. Malgré un accord tacite qui laissait Matignon à Édouard Balladur et l'Élysée à Jacques Chirac, la conjoncture a fait évoluer les positions du Premier ministre. Jouissant d'une forte popularité depuis le fiasco de la gauche aux législatives de 1993, Balladur annonce en janvier 1995 sa candidature à la fonction suprême de la République.

Mais l'homme qui s'installe à l'Elysée doit susciter l'adhésion générale et il manque à Balladur «un travers, une négligence qui trahisse plus d'humanité» (Thierry Bouët). À trop vouloir maîtriser son image d'homme serein et impassible, il paraît distant, voire dédaigneux. Des journalistes l'appellent «Sa Suffisance» ou encore le «grand Ballamouchi» (en référence au titre inventé par Molière dans *Le Bourgeois gentilhomme*) tandis que *Le Monde* le caricature en marquis de l'Ancien Régime se déplaçant en chaise à porteurs.

Jacques Chirac, qui remporte finalement l'élection, ne pardonnera pas la trahison de son rival, y allant de son petit couplet assassin:

> «*Quand Édouard Balladur serre des mains dans une foule, il se demande toujours où est le rince-doigts.*»

MORT AUX CONS !

Parmi les qualités requises pour occuper la fonction présidentielle, la maîtrise de soi n'est pas des moindres, bien qu'elle ne soit pas toujours la mieux partagée. Un chef d'État se doit d'être prêt à affronter toutes les situations, pour inconfortables qu'elles fussent, et toutes les attaques, même les plus ineptes.

Certains les reçoivent avec détachement. Ainsi le général de Gaulle. Alors qu'il pénétrait dans le bureau de son officier d'ordonnance, Bonneval, ce dernier s'emportait au téléphone : « Après tout, mort aux cons ! » Et de Gaulle de commenter :

« *Vaste programme !* »

D'autres hôtes de l'Élysée ont su encaisser les coups avec philosophie. Au début de son premier septennat, François Mitterrand est accueilli en province aux cris hostiles de : « Mitterrand, fous le camp ! » Gardant son sang-froid, ce dernier se contente de répliquer didactiquement :

« *Ça rime, certes, mais la rime est pauvre !* »

Deux décennies plus tard, en juin 2001, Jacques Chirac affronte un énergumène, fondu dans la foule venue l'acclamer, l'insultant et le traitant de « Connard ! » Peut être parce qu'il sort tout juste de la messe, Chirac est serein et inspiré. Il rétorque à l'individu :

« *Enchanté, moi c'est Chirac !* »

PROF/ÉLÈVE

S'il n'avait été brisé dans son ascension par l'affaire du Sofitel de New York en mai 2011, Dominique Strauss-Kahn aurait probablement défendu les couleurs socialistes à la présidentielle de 2012. Cela eût promis un débat spectaculaire face à Nicolas Sarkozy. Car ce dernier avait une revanche à prendre.

Les deux orateurs s'étaient en effet rencontrés dix ans plus tôt sur le plateau de France 2, dans l'émission d'Arlette Chabot, en vue de la même élection. Le candidat de droite défend le bien-fondé de l'allégement des charges fiscales pour les entreprises. S'appuyant sur une étude de l'Insee, il avance le chiffre de 460 000 emplois créés de 1993 à 1997, quand Édouard Balladur occupait Matignon. DSK l'interrompt en lui rappelant que tous les économistes ne sont pas d'accord sur ces chiffres et que l'Insee lui-même les manipule avec précaution. Avec un brin d'arrogance, il indique à son interlocuteur que, cette précision faite, il peut reprendre sa démonstration. Maîtrisant mal son agacement devant ce qui pouvait passer pour un sévère affront devant des millions de téléspectateurs, Sarkozy s'offusque: «Pardon, on n'est pas à l'université… merci, monsieur le professeur.

— *Si vous étiez mon élève*, retourne le socialiste, *vous n'auriez pas fait cette erreur.*»

JOUTE DÉMENTIELLE

Dans la perspective de l'élection présidentielle de 2012, France 2 invite les candidats dans l'émission *Des paroles et des actes*. Le 23 février 2012, l'animateur David Pujadas reçoit sur le plateau la candidate du Front national, Marine Le Pen.

Il est environ 23 heures lorsque vient s'installer en face d'elle un nouveau contradicteur, le représentant du Front de Gauche, Jean-Luc Mélenchon. Les deux invités sont à couteaux tirés, mais le débat tourne court.

Marine Le Pen refuse de discuter avec son adversaire, considérant qu'elle «n'est pas du tout au même niveau électoral», qu'elle est venue pour échanger avec «des candidats à la présidentielle» et non avec «des candidats à des postes de ministre». Elle rappelle ensuite avoir été la cible d'un chapelet d'insultes proférées par son opposant, notamment lors d'un point presse à Metz le 18 janvier de la même année: «Vous m'avez traitée de semi-démente», s'indigne-t-elle. En face, Jean-Luc Mélenchon temporise:

«*Ça vous laisse une bonne moitié!*»

SECOUEZ-MOI !

En 2009, une célèbre boisson gazeuse à la pulpe d'orange a été rachetée par un groupe japonais. À l'origine, c'est un commerçant de Boufarik en Algérie, Léon Béton, qui a acquis la recette auprès d'un pharmacien espagnol à la foire de Marseille en 1936. De «Naranjina» («petite orange»), la boisson est rebaptisée «Orangina» et il décide de la faire fabriquer près de Blida. Grâce à la publicité, notamment le slogan de 1972 «Il faut secouer la bouteille pour bien mélanger la pulpe d'orange», le succès est fulgurant.

En visite officielle à Alger en décembre 2012, le président Hollande ne s'attend certainement pas à être interpellé sur le sujet. En conférence de presse, un journaliste algérien s'étonne fort que la France ait pu vendre la marque aux Nippons, alors que, selon lui, elle était propriété algérienne. Pris de court, le chef de l'État improvise sur le ton de l'humour :

> «*Ben voilà une information dont je n'avais pas connaissance et dès que le gouvernement japonais sera constitué, j'irai à sa rencontre pour essayer de faire ce que je peux ... en secouant beaucoup!*»

VACHERIES AU SALON

La France aime ses terroirs, dont la valorisation constitue un atout économique précieux. Voilà pourquoi la visite des présidents au Salon de l'agriculture est devenue un passage obligé.

Le salon, ce sont les concours de bestiaux, les dégustations parfumées et aussi… les vacheries. En février 2008, alors qu'il serre la main des badauds qui se pressent autour de lui, le président Sarkozy se fait apostropher : « Ah non, touche-moi pas ! Tu me salis ! » Le chef de l'État ne peut contenir son irritation et rétorque : « Eh ben casse-toi, alors, pauv' con ! »

Le salon de 2012 est placé sous le signe de la campagne présidentielle. Le président-candidat sait que son adversaire socialiste va passer une journée complète après lui ; il ironise : « Il doit avoir bien des choses à se faire pardonner… Moi j'y vais pour rencontrer des gens. Si c'est uniquement pour faire dix heures… »

En 2013, François Hollande, nouvel hôte de l'Élysée, trouve l'occasion de se venger, même si sa petite blague va choquer l'opinion publique. À un petit garçon qui lui dit n'avoir jamais vu Nicolas Sarkozy, il lui répond, goguenard :

« *Ah ben, tu le verras plus !* »

INDEX SÉLECTIF DES PRINCIPAUX PROTAGONISTES

Alboni (Marietta) 145
Alembert (Jean Le Rond d') 70
Ancelot (Virginie) 122
Angoulême (Marie-Thérèse de France, duchesse d') 111
Anne d'Autriche 29
Argenson (comte d') 61
Arlandes (François-Laurent d') 77
Arletty (Léonie Bathia, dite) 167
Arnould (Sophie) 73
Aubert (François d') 192
Aubusson (François III d') 37
Aymé (Marcel) 170

Bacon (Francis) 21
Bailly (Jean-Sylvain) 94
Balladur (Édouard) 196
Barre (Raymond) 183, 184
Barry (Jeanne, comtesse du) 65
Bassompierre (François de) 28, 29
Baudin (Jean-Baptiste) 129
Bautru (Guillaume) 35
Bavière (Augusta-Amélie de) 102
Beauharnais (Eugène de) 102
Beauharnais (Joséphine de) 97, 102
Beauvais (Jean-Baptiste de) 62
Bellanger (Marguerite) 138
Bellay (Jean du) 13
Benoît XIV 66, 67
Bernard (Tristan) 168
Boileau (Nicolas) 41
Bokassa (Jean-Bedel) 178
Bonaparte (Louis-Napoléon) 128, 137, 138
Bonaparte (Napoléon) 97, 98, 99, 100, 101
Bonneval (Gaston de) 197
Brézé (Pierre de) 9
Briand (Aristide) 160
Brohan (Madeleine) 146
Brown-Séquard (Charles-Édouard) 147
Budé (Guillaume) 15
Buffet (Bernard) 174
Buffon (Georges-Louis Leclerc, comte de) 69

Cabanès (Augustin) 12
Cambacérès (Jean-Jacques-Régis de) 103
Cépoy (Marguerite de) 69
Ceyrac (François) 184
Chaban-Delmas (Jacques) 182
Champcenetz (chevalier de) 78
Charles X 117, 121
Chevènement (Jean-Pierre) 194
Chirac (Jacques) 189, 196, 197
Choiseul (Étienne-François, duc de) 65, 66
Churchill (Winston) 166
Clemenceau (Georges) 148, 149, 154, 155, 156
Coigny (M. de) 87
Collin d'Harleville (Jean-François) 97

Coluche 188
Concini (Concino) 27
Corbière (Jacques-Joseph de) 115
Créqui (M. de) 93
Cresson (Édith) 192, 193

Dard (Frédéric) 173
Delacroix (Eugène) 132
Désaugiers (Marc-Antoine) 118
Doumergue (Gaston) 161
Dreux-Brézé (Henri-Évrard de) 117
Dubois (Guillaume), abbé 53, 54
Dubois (Paul-François) 113
Duclos (Charles Pinot) 57
Dumas (Alexandre) 137, 140
Dumas (Alexandre, fils) 130
Dupin (André) 139
Dupin (Charles) 114, 137
Dupuytren (Guillaume) 111

Fallières (Armand) 152
Faure (Edgar) 180, 183
Faure (Félix) 148
Félix (Rachel, dite Mlle Rachel) 133
Ferté (duchesse de la) 49
Fleury (duchesse de) 98
Foa (Eugénie) 135
Fontenelle (Bernard le Bouyer de) 48
Forgeville (Mme de) 70
Fourcy (Louis Lefébure de) 105
François Ier 10, 11
Fusée (Claude-Henri de) 58

Gamelin (Maurice) 164
Gassendi (Pierre) 50
Gaulle (Charles de) 166, 169, 171, 174, 175, 177, 178, 179, 197
Gérard (Charles) 84
Giscard d'Estaing (Valéry) 184
Gros (Antoine-Jean) 124
Guitry (Sacha) 159

Harlay (Achille de) 49
Haussmann (Georges) 141
Havré (Joseph de Croÿ, duc d') 111
Henri IV 17, 18, 19, 20, 22, 23, 24, 26
Herriot (Édouard) 158
Hollande (François) 200, 201

Jacob (Alexandre) 151
Jacques Ier 21
Jaurès (Jean) 153, 155
Joseph (père) 30
Jouvet (Louis) 163
Juin (Alphonse) 171

Karr (Alphonse) 126
Kouchner (Bernard) 194

La Chaise (François d'Aix de) 45, 46
La Chaise (Jacques-François, baron de) 100
La Condamine (Charles de) 67
La Ferté (Henri de) 32
Lamartine (Alphonse de) 125
Lamoignon (Guillaume de) 63
Lamourette (Antoine-Adrien) 90
Landru (Henri Désiré) 157
Lattre de Tassigny (Jean de) 169

La Vigne-Buisson (Céleste de) 108
Le Camus (Étienne) 47
Lemercier de Longpré (Charles, baron d'Haussez) 120
Lemercier (Népomucène) 101
Le Nôtre (André) 44
Le Pen (Marine) 199
Linguet (Simon-Nicolas-Henri) 81
Littré (Émile) 142
Longuet (Gérard) 191
Louis-Philippe 121
Louis XI 9
Louis XIII 28
Louis XIV 38, 39, 40, 41, 42, 43, 44, 51
Louis XV 60, 62, 64
Louis XVI 74, 77
Louis XVIII 107, 112, 115, 116, 123
L'Oyseau (Mlle) 16
Lyautey (Hubert) 156

Mac Mahon (Patrice de) 143
Madelin (Alain) 195
Malet (Claude-François) 104
Malherbe (François de) 25
Malraux (André) 175
Marat (Jean-Paul) 95
Marchais (Georges) 185
Marguerite de France, dite reine Margot 16
Marie de Médicis 27
Marie-Louise d'Autriche 103
Martainville (Antoine) 91
Maurepas (Jean-Frédéric Phélypeaux, comte de) 75, 76
Maury (abbé Jean-Siffrein) 85, 88
Mazarin (Jules) 34
Ménage (Gilles) 31
Mesmer (Franz Anton) 79
Mirabeau (Gabriel de) 89
Mirecourt (Eugène de) 140
Mitterrand (François) 189, 193, 197
Montespan (Françoise de) 46
Montmorency-Laval (Adrien de) 109
Montpensier (Anne-Marie-Louise d'Orléans, duchesse de) 36
Moreau (Jeanne) 186

Neuville (père de la) 58
Nicolas Ier 127
Noailles (Adrien Maurice, duc de) 52

Orry (Philibert) 55

Patin (Guy) 34
Paul III 13
Périer (François) 163
Philippe d'Orléans (régent) 51, 52, 54
Picasso (Pablo) 162
Piron (Alexis) 56, 71
Poher (Alain) 179
Poincaré (Henri) 150
Poincaré (Raymond) 152
Pompidou (Georges) 181, 182
Puisieux (Madeleine de) 64

Quélen (Hyacinthe-Louis, Monseigneur de) 108

Rabelais (François) 13
Retz (Claude-Catherine de Clermont, duchesse de) 16
Richelieu (Louis-François-Armand de Vignerot du Plessis, duc de) 62, 80
Rivarol (Antoine de) 93
Rocard (Michel) 190
Rochechouart (Louis Victor de) 43
Rossini (Giacchino) 131
Rostand (Jean) 176
Rouillé du Coudray (Hilaire) 52
Rousseau (Jean-Jacques) 123
Royer-Collard (Pierre-Paul) 122

Saint-Amant (Marc-Antoine Girard) 33
Sainte-Beuve (Charles-Augustin) 113
Samson (Joseph) 119
Sanguin (Claude) 39
Sarkozy (Nicolas) 198, 201
Saxe-Weimar (Bernard de) 30
Scholl (Aurélien) 147
Selves (Justin Germain Casimir de) 153
Souza (Adelaïde de) 83
Staël (Germaine de) 99, 106
Strauss-Kahn (Dominique) 199
Strozzi (maréchal) 14
Sully (Maximilien de Béthune, duc de) 19

Talleyrand (Charles-Maurice de) 88, 106, 110, 116
Tapie (Bernard) 191
Tardieu (André) 149
Thiers (Adolphe) 144
Triboulet 10

Vaux (Noël Jourda, comte de) 75
Vergniaud (Pierre) 95
Vernet (Carle) 124
Vernet (Horace) 127
Villon (François) 7
Voltaire 71, 72, 123

Weygand (Maxime) 165
Wigniolle (Yvonne), dite Mlle Printemps 159

Je voudrais remercier toute l'équipe de la Librairie Vuibert pour son professionnalisme et son chaleureux soutien : Élisabeth Duchon et Aurélie Delfly pour leurs précieux conseils et leur bonne humeur de chaque instant, Guillaume Dervieux pour sa disponibilité et la confiance qu'il m'accorde depuis maintenant trois ans.

MIXTE
Issu de sources responsables
FSC® C111617
www.fsc.org

Achevé d'imprimer en décembre 2013 par EMD S.A.S. (France)
N° éditeur : 2013/1355 - Dépôt légal : décembre 2013
N° d'imprimeur : 28860